MA BIBLE
de l'accouchement
sans douleur

Leduc s'engage pour une fabrication écoresponsable !
« Des livres pour mieux vivre », c'est la devise de notre maison. Et vivre mieux, c'est vivre en impactant positivement le monde qui nous entoure ! C'est pourquoi nous avons fait le choix de l'écoresponsabilité. Un livre écoresponsable, c'est une impression respectueuse de l'environnement, un papier issu de forêts gérées durablement (papier FSC® ou PEFC), un nombre de kilomètres limité avant d'arriver dans vos mains (90 % de nos livres sont imprimés en Europe, et 40 % en France), un format optimisé pour éviter la gâche papier et un tirage ajusté pour minimiser le pilon ! Pour en savoir plus, rendez-vous sur notre site.

Conseil éditorial : Nathalie Ferron
Édition : Sandra Pizzo
Relecture : Clémentine Sanchez
Maquette : Cécile Dick
Illustrations : Corine Delétraz p. 33-36, 118-125, 160 /
Adobe Stock pour les autres
Design couverture : Constance Clavel
Photos couverture : Adobe Stock

10, place des Cinq-Martyrs-du-Lycée-Buffon
75015 Paris – France
ISBN : 979-10-285-2317-6

HÉLÈNE MALMANCHE
Préface d'Anna Roy, sage-femme, autrice
et chroniqueuse à *La Maison des Maternelles*

MA BIBLE
de l'accouchement sans douleur

LEDUC

SOMMAIRE

PRÉFACE

PRÉFACE D'ANNA ROY

Sage-femme libérale et hospitalière,
chroniqueuse à *La Maison des Maternelles*

Ce livre que vous vous apprêtez à lire, je suis surprise qu'il n'ait pas été écrit avant. C'est chose faite et je salue ici le formidable travail de l'autrice. Formidable parce qu'il ne se borne pas à « l'accouchement sans douleur » mais explore et interroge tout autant « la grossesse et le post-partum sans douleur ». Un travail considérable, intéressant et utile.

Associer la grossesse, l'accouchement et le post-partum à la douleur, ce n'est pas très vendeur et encore moins poétique. On voudrait souvent la nier, cantonnant l'expérience de la maternité à une succession de découvertes enrichissantes, initiatiques et plaisantes. La douleur est pourtant une réalité tangible et presque inévitable. Fabriquer un enfant, le mettre au monde et l'entourer dans ses premiers mois et premières années, cela fait mal, et même très mal parfois. Pas pour toutes les femmes de la même façon, c'est chose dite. Quant à traverser « ça » sans jamais avoir mal ? J'en entends, des récits, mais je ne l'ai jamais vu et encore moins constaté au cours de mes quinze dernières années de pratique de l'obstétrique.

Mal comment ? Une douleur au dos (d'être enceinte ou de porter un enfant de dix kilos), aux fesses, à la jambe, aux cervicales, au sexe, au ventre, à la tête (dans les deux sens), au cœur (dans les trois sens), au couple : peu importe. Être mal de ne pas avoir assez dormi, d'avoir peur de ne pas être à la hauteur, de ne pas y arriver, d'y laisser des plumes, de devenir folle…

Pour beaucoup de femmes, et je fus l'une de celles-là, devenir mère, c'est se confronter à la douleur de façon presque quotidienne pour la première fois de sa vie. Il en est de même pour toutes les femmes en bonne santé. La sensation de bien-être physique est l'un des deuils les plus difficiles à faire sur ce chemin tortueux et sinueux de la maternité. Heureusement – mais nous ne le savons qu'*a posteriori* –, cela ne dure que quelques mois, quelques années, c'est selon. « La santé, c'est la vie dans le silence des organes » ; eh bien, dans cette période, les organes ne cessent de s'exprimer, et de façon parfois très bruyante. Pour les femmes qui ont eu mal avant et qui ont des valises chargées de souvenirs de souffrance, la douche est moins froide (le processus peut même leur apparaître comme une balade de santé), à moins – et c'est nettement moins sympathique dans ce cas – que ce soit la goutte d'eau qui fasse déborder le vase.

Le livre d'Hélène répond à « tout ça » avec franchise, avec validité scientifique, mais aussi de façon très pratico-pratique. Je suis heureuse de l'avoir sous la main pour mes patientes, mes amies, et pour moi aussi.

Avant de vous laisser lire tranquille, une dernière confidence. Hélène n'est pas « peu » dans ma vie, elle est même franchement beaucoup. Après un coup de foudre amical tonitruant dans un hôpital de l'Ouest parisien, notre amitié n'a cessé de s'enrichir, de s'approfondir et de se fortifier au fil des années (je ne dirai pas combien, cela nous vieillit trop). Peu importe. Hélène, MA sage-femme, fut l'une de ces gardiennes, un de ces remparts contre l'aliénation que peut provoquer la douleur. Pour mon second accouchement, juste avant la naissance de mon second fils, j'ai ressenti une douleur à la fesse gauche tellement intense qu'elle est indescriptible. Hélène m'a attrapé le genou, elle m'a regardé et m'a dit : « Anna, ça va aller, le petit arrive, tu peux le pousser. » Avec ces quelques mots, elle m'a sauvée et extirpée de la nuit dans laquelle j'étais plongée par la douleur. Pour elle, ces quelques mots et ce geste, ce ne fut rien, pour moi ce fut tout.

C'est là que je veux en venir pour finir. 1. Il vous faut le livre d'Hélène, mais c'est chose faite puisque vous me lisez ; et 2. il vous faut toutes ces femmes merveilleuses autour de vous (oui, à 98 % ce sont des femmes) : sages-femmes, infirmières, aides-soignantes, agentes de service hospitalier, médecins, auxiliaires de puériculture, puéricultrices, TISF (technicienne de l'intervention sociale et familiale) et toutes celles que j'oublie. Je leur rends ici hommage et je souhaite de tout cœur que vous croisiez la route de ces femmes exceptionnelles (à condition que ces dernières aient du temps à vous accorder).

Très beau chemin à vous toutes, et bon courage.

AVANT-PROPOS

À QUI S'ADRESSE CE LIVRE, ET POURQUOI ?

Fondé sur mon expérience de sage-femme engagée depuis plus de dix ans aux côtés de milliers de patientes que j'ai accompagnées à l'hôpital comme en ville, l'ouvrage que vous tenez entre vos mains a été pensé pour s'adresser à toutes les femmes :

- que vous n'ayez aucune connaissance sur la grossesse et l'accouchement ou que vous soyez déjà une experte en la matière ;
- que vous soyez enceinte ou que vous projetiez de l'être ;
- que vous accouchiez prochainement ou que vous ayez déjà accouché ;
- que vous découvriez l'univers de la naissance ou que vous l'ayez déjà expérimenté par le passé ;
- que vous souhaitiez recourir à une péridurale lors de la naissance de votre enfant, que vous soyez dans une démarche d'accouchement dit « naturel » ou que vous soyez tout simplement en train de chercher ce qui vous conviendrait pour vivre au mieux cet événement...

Bref, ce livre est pour vous ! Il vous propose un regard inédit et complet sur la place et le rôle de la douleur dans le vécu d'une grossesse et d'un accouchement, et bien au-delà. Il accorde autant de crédit à la recherche médicale la plus actuelle qu'aux savoirs ancestraux et au bon sens de nos grands-mères – pour peu que les unes et les autres aient fait leurs preuves sur le terrain : ces différents registres de compréhension et d'explication constituent autant de sources dans lesquelles puiser de l'aide, des connaissances, des astuces pour vivre au mieux cette expérience corporelle et émotionnelle unique qu'est l'enfantement.

Ce livre s'inscrit dans une démarche de sincérité et de réalisme : il ne veut pas donner une vision angélique et idéalisée de ce que pourrait être l'enfantement, bien au contraire, il vise à rendre compte avec honnêteté de la part de douleur physique comme psychique que recèle cet événement.

Les techniques qui permettent d'apaiser les sensations douloureuses de la grossesse, de l'accouchement et du post-partum sont nombreuses, et elles méritent qu'on leur consacre un ouvrage actualisé, ancré dans les réalités contemporaines de la périnatalité. Les clés, les astuces et les conseils qui vous seront donnés tout au long de cet ouvrage pour appréhender différemment ces douleurs et découvrir (ou redécouvrir) la façon dont elles peuvent être gérées sont accompagnés de nombreux témoignages et de paroles d'experts.

Ce livre n'a pas pour prétention de fournir une « méthode », qui sera toujours restrictive et sous-tendue par une idéologie ou un dogme. Il n'a pas non plus vocation à l'exhaustivité. Il est modestement le reflet de ma pratique clinique au plus près des femmes, qui sera toujours au service de valeurs fondamentales : leur autonomie et leur libre choix. Le projet que je porte ici vise donc à réunir dans un même ouvrage l'ensemble de mes connaissances sur les innombrables moyens de lutter contre la douleur que j'ai pu éprouver auprès de milliers de patientes et de couples que j'ai rencontrés au cours de ma carrière, afin de les mettre en partage, à la disposition du plus grand nombre. Parce que souffrir n'est pas une fatalité de la condition féminine au XXIe siècle, cette *Bible de l'accouchement sans douleur* veut contribuer à rendre les femmes pleinement actrices de leurs prises de décision et de leurs choix dans le domaine de la maternité.

QUELS SONT LES OBJECTIFS DE CE LIVRE ET COMMENT L'UTILISER ?

La gestion de la douleur et son soulagement reposent sur deux principaux piliers : la compréhension du mécanisme en jeu et les moyens pratiques pour apaiser la douleur. Grâce à une approche qui allie l'analyse du phénomène douloureux et les solutions qui peuvent être mises en place pour l'éviter ou le soulager, cet ouvrage se veut pédagogique et accessible à toutes. Il a deux objectifs :

- vous aider à comprendre ce qui se passe au quotidien dans vos ressentis corporels et vous présenter ce à quoi vous pouvez vous attendre à chaque étape de la grossesse, lors de l'accouchement et au moment du post-partum ;
- vous permettre de vous constituer une boîte à outils évolutive, qui s'adapte à chaque étape que vous traversez : les astuces qui fonctionnent à un moment T ne sont pas des recettes magiques valables en toutes circonstances, il vous faudra donc une diversité d'outils à votre disposition pour parer à (presque) toutes les situations !

Vous pouvez, à votre guise, lire ce livre de bout en bout ou bien y piocher une aide pratique de temps à autre, en fonction des questionnements que vous allez rencontrer. Attention, cependant ! Ce livre ne peut en aucun cas remplacer un accompagnement médical ni le soutien de l'entourage, qui restent deux éléments fondamentaux pour vivre le plus sereinement possible les transformations corporelles de la grossesse et de l'accouchement, et les douleurs qu'elles peuvent entraîner. Il est en effet primordial de ne pas rester isolée avec sa douleur, en particulier après l'accouchement, où l'organisation des soins et la prise en charge médicale des jeunes mères sont moins bien structurées que pendant la grossesse et l'accouchement.

Vous trouverez tout au long des pages qui suivent les explications les plus complètes possible sur les processus physiques de la grossesse et de l'accouchement, mais aussi de l'allaitement ou encore de la cicatrisation, et plus largement sur le fonctionnement du corps féminin en général, assorties de tous les conseils que je peux délivrer notamment grâce à mes années de pratique clinique à la maternité des Bluets. Vous acquerrez ainsi de plus en plus d'autonomie et de confiance face aux sensations nouvelles et parfois anxiogènes que peuvent occasionner les transformations du corps pendant et après la grossesse et l'accouchement. En suivant l'ordre chronologique depuis le premier mois de grossesse jusqu'au post-partum et même au-delà, vous découvrirez au fil des pages des illustrations, des paroles d'experts, mais aussi des témoignages de femmes de tous âges et aux expériences variées qui viennent enrichir le contenu de cet ouvrage.

Vous trouverez également au détour des différents chapitres des éléments de compréhension sociologique, qui ont pour but de mettre en lumière le sens que la société contemporaine française donne à cet événement qu'est l'enfantement. Comprendre le sens social de ce qui se produit lors d'une grossesse et d'un accouchement permet d'inscrire l'ensemble du vécu corporel dans un récit commun et de rendre compte du rôle capital des femmes dans la pérennisation et le renouvellement de notre société. Ainsi, au-delà d'une contribution pratique au vécu de la grossesse et de l'accouchement sans douleur, j'espère rendre à celles qui affrontent l'épreuve de la maternité physique l'hommage qui leur est dû.

COMMENT « ACCOUCHER SANS DOULEUR » ?

Comme pour tous les apprentissages, la gestion de la sensation douloureuse et sa prévention sont des processus qui peuvent prendre plus ou moins de temps selon les femmes, en fonction d'une multitude de paramètres. Par exemple, la capacité à discriminer les différents types de sensations (si j'ai mal au genou, est-ce une douleur osseuse, musculaire, tendineuse ?) et leur localisation (si j'ai mal au ventre, est-ce l'utérus, les intestins, l'estomac ?) est très variable d'une femme à l'autre. Ces différents degrés de perception des sensations internes du corps constituent ce que l'on appelle la « proprioception », c'est-à-dire le ressenti de notre propre corps. Avec la grossesse et l'accouchement, la proprioception est bouleversée dans une temporalité très rapide, puisque les modifications du corps surviennent dans un intervalle de temps beaucoup plus court que, par exemple, les modifications progressives dues au vieillissement.

Ce livre va donc vous aider à affiner vos perceptions corporelles – votre proprioception –, première strate indispensable à ce qui constitue le socle de l'« accouchement sans douleur » : la distinction entre sensation douloureuse et souffrance.

La très large palette d'outils à notre disposition aujourd'hui, de la pratique des massages antalgiques aux techniques d'analgésie péridurale en passant par l'acupuncture ou l'ostéopathie, permet de ne plus envisager l'enfantement comme une source de souffrances inéluctables mais comme un vécu corporel sur lequel il est possible d'agir, en guidant la femme pas à pas vers des solutions adaptées à chaque situation douloureuse qui pourrait être rencontrée. Une vision réellement complète de ce qu'est un accouchement sans douleur doit donc faire commencer la gestion de la douleur bien avant la mise en travail : celle-ci commence dès les premiers mois de grossesse, raison pour laquelle la première partie de cet ouvrage s'intéresse à l'entièreté du corps et aux sensations nouvelles induites par l'état de grossesse. En effet, toutes ces modifications physiques viennent mettre le corps à rude épreuve dès les premiers mois du développement du fœtus, l'accouchement étant le point culminant de cette aventure, auquel la partie centrale de cet ouvrage est consacrée. Puis le corps se rétablit progressivement après le choc que constitue cet événement, les échos de ce « tremblement de terre » pouvant entraîner des résonances dans une temporalité parfois très longue. Les douleurs du post-partum étant la plupart du temps passées sous silence, elles constituent parfois un choc plus grand pour les femmes que celles de l'accouchement, auxquelles elles sont mieux préparées. C'est parce qu'il faut aujourd'hui reconnaître ces difficultés spécifiques, que ce soient les douleurs liées à l'allaitement, à la reprise des rapports sexuels ou aux modifications posturales, et surtout parce qu'il est indispensable de faire connaître les différents moyens d'y remédier, que la dernière partie de ce livre s'intéresse en détail à cette période de l'après-naissance.

Au fur et à mesure des années de pratique clinique, j'ai glané et expérimenté une foule d'astuces pour s'épargner des embarras inutiles et des inquiétudes superflues que je suis ravie de partager avec vous aujourd'hui à travers ce livre ! Grâce à lui, vous pourrez bientôt identifier et soulager les bien mal nommés « petits maux » de la grossesse et du post-partum, jusqu'aux intenses contractions de l'accouchement. Il vous guidera ainsi pas à pas pour vivre au mieux votre grossesse, votre accouchement et la suite de cette grande aventure !

UNE BRÈVE HISTOIRE DE LA MÉTHODE DE L'« ACCOUCHEMENT SANS DOULEUR »

Historiquement, la méthode de l'accouchement sans douleur est une invention de médecins soviétiques au sortir de la Seconde Guerre mondiale. Cette technique repose sur l'idée que l'accouchement serait un phénomène intrinsèquement indolore et que le ressenti douloureux serait une « fausse réponse » du cerveau féminin aux différents stimuli nerveux des contractions utérines et de l'étirement des tissus au moment de l'accouchement. Dans cette logique, si la douleur résulte d'un conditionnement psychique inadéquat, alors celui-ci peut être « redressé » : c'est ainsi que les obstétriciens, inspirés par les travaux du docteur Ivan Pavlov, se mettent à apprendre aux femmes à accoucher de manière « correcte », en transformant leur perception de la douleur.

Cette technique est importée en France dans le courant des années 1950 par le docteur Fernand Lamaze, qui l'introduit à l'hôpital des

Métallurgistes, à Paris, connu aujourd'hui sous le nom de maternité des Bluets. La méthode de l'accouchement sans douleur nécessite alors de longues séances de préparation à l'accouchement tout au long de la grossesse, avec sages-femmes et obstétricien·ne·s, avec comme objectif l'« indolorisation », c'est-à-dire la suppression de la sensation douloureuse. À l'époque, les théoriciens de cette méthode affirment ainsi « restructurer » le cerveau des femmes enceintes !

Si cette méthode n'est plus à l'ordre du jour et qu'elle a été largement remise en question depuis les années 1970 et les révolutions féministes successives, elle a, entre autres, permis d'apporter en France le concept de préparation à l'accouchement et à la parentalité, avec une prise en charge par la Sécurité sociale, toutes choses qui, lorsqu'il s'agit de prévention, demeurent plus que jamais d'actualité.

Si, depuis les années 1980, la péridurale a largement les faveurs des Françaises qui accouchent – aujourd'hui, 82 % des femmes qui accouchent par les voies naturelles bénéficient d'une analgésie péridurale –, bien d'autres moyens de gestion de la douleur se sont développés et diversifiés à partir des années 1970 : la sophrologie, le yoga, la préparation en piscine, le chant prénatal... Toutes ces méthodes, qui ne font pas appel à des produits pharmaceutiques ni à des appareillages médico-chirurgicaux, sont plus que jamais sollicitées par les femmes enceintes – et les praticien·ne·s qui peuvent accompagner les futures parturientes dans ces démarches sont de plus en plus nombreux à se former à ces techniques, afin de favoriser l'émancipation et l'autonomie des femmes dans le vécu de leur grossesse et de leur accouchement ainsi que de ses suites.

SOULAGER LA DOULEUR pendant la grossesse

À quels types de douleurs s'attendre à partir du début de la grossesse, et à quels moments peuvent-elles survenir ? Pourquoi ? Comment peut-on les soulager ? Comment les éviter, lorsque c'est possible ? C'est ce que cette partie va vous permettre de comprendre. Vous serez accompagnée pas à pas pour vous approprier les nouvelles sensations de la grossesse, qui peuvent être liées à la croissance de l'utérus et du bébé ainsi qu'aux changements hormonaux. Il faut savoir que beaucoup de ces sensations semblent étranges avant tout parce qu'elles sont nouvelles ! Si elles génèrent souvent de l'inquiétude, c'est en partie à cause de leur caractère inédit. Et comme l'inconnu fait peur, cela peut majorer ou même créer une sensation douloureuse. Plus vous en saurez sur ces sensations nouvelles et plus vous diminuerez votre risque d'en éprouver de la douleur !

TÉMOIGNAGE DE VIOLAINE, 33 ANS

« Pour les grossesses de mes deux garçons, j'ai été hyperchanceuse parce que j'ai très peu souffert de "maux de grossesse" : à peine quelques nausées au début et les seins un peu douloureux assez vite. Quand je vois certaines copines qui ont vomi tripes et boyaux un trimestre voire deux, qui ont dû rester allongées à cause de complications... Je me trouve très veinarde. Le seul "hic" a été le diabète gestationnel, mais cela a aussi été un argument supplémentaire pour faire attention comme jamais à ce que je mangeais. Résultat : j'ai perdu du poids lors des deux grossesses (repris après), ce qui a, je suppose, limité les problèmes de dos, ligamentaires, etc. Je n'ai pas été épargnée, en revanche, par le reflux gastro-œsophagien en fin de grossesse, assez désagréable et évidemment embêtant, surtout en position allongée... donc la nuit – ce qui fait bien rire quand on te dit de surtout bien te reposer avant l'arrivée de bébé ! Cela, plus les coups de pied de bébé dans les côtes et la pression sur la vessie, me préparait déjà à des nuits bien hachées ! »

ATTENTION !

Seuls les cas de figure les plus fréquents sont répertoriés dans ce chapitre. Cela constitue des points de repère mais ne permet en aucun cas d'établir un diagnostic médical à proprement parler. Les éléments de réponse aux questions que vous vous posez et que vous trouverez ici sont un complément au suivi médical obligatoire de votre grossesse.

LES DOULEURS MUSCULO-TENDINEUSES ET DU SYSTÈME OSTÉO-ARTICULAIRE

Les douleurs du système ostéo-articulaire et les douleurs musculo-tendineuses sont extrêmement fréquentes pendant la grossesse et après l'accouchement. D'intensité et de localisation variables, elles peuvent devenir invalidantes si elles ne sont pas traitées à temps. Heureusement, il existe beaucoup de moyens d'éviter ou de soulager ces douleurs avant qu'elles ne deviennent un réel handicap. Dans ce domaine, les ostéopathes et les kinésithérapeutes spécialement formé·e·s à la manipulation des femmes enceintes peuvent être d'une grande aide dans la prévention et le traitement de ces douleurs. Soyez vigilante à choisir un·e praticien·ne qui a une expérience voire un diplôme spécifique pour le suivi des femmes enceintes, et n'hésitez pas à vous faire conseiller pour trouver un·e professionnel·le qui a de l'expérience dans le domaine obstétrical.

TÉMOIGNAGE D'AURÉLIE, 44 ANS

« J'ai été plutôt chanceuse car je n'ai pas souvenir de douleurs particulières pendant la grossesse. Cependant, je suis convaincue que mon ostéopathe y est pour beaucoup. Avant d'être enceinte, il m'avait dit qu'il faudrait venir chaque mois jusqu'à l'accouchement : alors, dès le troisième ou quatrième mois, j'y suis allée, puis chaque mois. C'était censé aider aussi pour l'accouchement – il parlait de préparer le "toboggan", mais là je suis moins sûre de l'efficacité. En revanche, je pense que cela m'a beaucoup aidée pour le rééquilibrage du corps, pour gérer les torsions du dos et autres dues au poids du ventre. Et en y allant chaque mois, je pouvais lui parler des gênes occasionnelles (les

remontées acides, par exemple). Je ne saurais dire ce qui a été atténué par ces visites, mais je recommande cela à toutes mes amies. »

MAUX DE DOS

Y compris en dehors de la grossesse, le dos est une zone du corps sujette à la crispation du fait de l'accumulation de tensions provoquées par l'activité diurne, parfois majorées par un couchage mal adapté. Pendant la grossesse, la colonne vertébrale et l'ensemble des muscles et des structures anatomiques qui permettent le maintien du buste sont particulièrement sollicités par le déséquilibre que crée la croissance de l'utérus. En effet, le poids qui se constitue progressivement à l'avant du corps – l'utérus qui grandit, mais aussi le bébé à l'intérieur, le placenta et le liquide amniotique – vient modifier la posture. Pour compenser le poids qui augmente petit à petit à l'avant du corps, la colonne vertébrale se « creuse » de plus en plus au niveau du bas du dos (hyperlordose), ce qui permet de déplacer le centre de gravité du corps et de maintenir ainsi l'équilibre. Ces modifications posturales peuvent en particulier occasionner des lombalgies (douleurs dans le bas du dos) et des dorsalgies (douleurs dans le milieu du dos).

COMMENT LES PRÉVENIR ?

» Bien se positionner pour dormir

Les lombalgies et les dorsalgies peuvent en partie être évitées en s'assurant d'un bon couchage. Avoir un matelas de bonne qualité et un oreiller adapté est important, encore plus pendant la grossesse ! Avec l'utérus qui prend du volume au fur et à mesure des mois, il faut d'autant plus adapter le couchage afin de bien caler le ventre et éviter qu'il ne « tire » d'un côté ou de l'autre.

Placez des coussins sous le ventre et/ou entre les jambes si vous dormez sur le côté. Si vous avez déjà un coussin d'allaitement, il est idéal pour cet usage : comme il est tout en longueur et en microbilles, vous pouvez lui donner la forme qui vous convient le mieux.

TÉMOIGNAGE D'AMEL, 27 ANS

> *« Pour moi, ça, c'est le conseil standard, mais qu'il n'est jamais superflu de rappeler : on peut utiliser le coussin d'allaitement pour soulager le poids du ventre. Moi, je n'ai jamais dormi avec, mais je m'en servais beaucoup sur le canapé, par exemple ! »*

Si vous dormez sur le dos, placez un coussin sous vos genoux ou sous le bas des fesses pour aider votre bassin à basculer vers l'avant : cela diminue l'hyperlordose et permet de prévenir les tensions du bas du dos.

Pour celles qui aiment dormir sur le ventre, sachez qu'il n'y a aucun risque d'écraser le fœtus quand on dort ! Aussi, si vous vous sentez mieux sur le ventre ou sur le côté, prenez simplement la position qui vous est la plus confortable.

TÉMOIGNAGE DE JULIETTE, 29 ANS

> *« J'ai été enceinte de jumeaux il y a un an et demi et, dès le début du quatrième mois, j'ai commencé à avoir mal au dos de manière un peu diffuse : bas du dos, épaules, cou... Je n'avais pas imaginé que cela pouvait être aussi pénible et surtout si tôt pendant la grossesse, même si je pense que le fait que ce soit une grossesse gémellaire y était certainement pour beaucoup. Pendant le deuxième trimestre, j'ai eu l'impression de passer mon temps chez le kiné – j'y allais deux fois par semaine après le travail, car je n'ai pas été arrêtée tout de suite –, mais il m'a donné quelques conseils simples et je dois dire que cela m'a beaucoup aidée au quotidien : dormir avec des coussins sous le ventre pour le caler, faire basculer mon bassin vers l'avant pour limiter la cambrure de mon dos et soulager les lombaires... Cela n'a pas miraculeusement réglé les problèmes de dos, mais je pense que cela les a limités considérablement et que cela a rendu ma grossesse supportable. »*

» Bien se positionner pour travailler

Si vous travaillez majoritairement en position assise, plusieurs astuces peuvent vous aider à éviter – ou tout au moins limiter ! – les maux de dos :

- levez-vous régulièrement (vous pouvez compter sur votre vessie pour vous aider !) et faites quelques pas pendant une à deux minutes afin de réactiver les chaînes musculaires ;
- si vous en avez la possibilité, choisissez une assise basse et adaptez la hauteur de votre poste de travail comme suit : vos genoux doivent être plus hauts que vos hanches, afin d'aider votre bassin à basculer vers l'avant. Autrement dit, la tête du fémur (du côté de la hanche) doit être plus basse que le condyle fémoral (du côté du genou). La plupart des sièges ont une assise trop haute pour obtenir cette posture : dans ce cas, optez pour un marchepied ou tout autre objet stable et solide que vous pourrez glisser sous vos pieds (par exemple, une boîte de rangement). De plus, vos coudes doivent faire un angle à 90 degrés. Si ce n'est pas le cas (si vos avant-bras sont trop proches de vos bras) et que la table est trop haute par rapport à l'assise, mettez des coussins sous vos fesses, et pensez à mettre un marchepied sous vos pieds afin de rééquilibrer la posture ;
- si vous êtes souple, la position en lotus ou en tailleur est excellente. Pensez à changer régulièrement la jambe qui est en dessous ou devant afin d'équilibrer les zones de pression ;
- si votre lieu de travail vous le permet, vous pouvez utiliser un ballon strié de grand diamètre, type ballon sauteur ou ballon de fitness. Sans dossier, il oblige à se tenir droite et à garder une posture dynamique pour conserver l'équilibre. Ces micromouvements sont excellents pour prévenir et soulager les éventuelles tensions lombaires. Les sièges ergonomiques type siège assis-genoux sont également conseillés, mais plus chers à l'achat qu'un ballon, lequel quant à lui sera très utile au moment de la mise en travail : un achat que vous ne regretterez pas !

Si vous travaillez majoritairement debout, deux accessoires sont indispensables :

- les bas montants, ou collants de contention, sont absolument incontournables ! On aura l'occasion d'en reparler longuement dans la section sur les jambes lourdes et le retour veineux ;
- la ceinture de maintien. Il existe plusieurs types de ceinture de grossesse, qui ont chacun leurs avantages et leurs inconvénients. On peut retenir ce principe simple : plus la ceinture est large, plus elle maintient, mais moins elle préserve la mobilité (et l'immobilité est une source de maux de dos et de bassin) ; plus la ceinture est étroite, plus elle favorise la mobilité, mais sa fonction de soutien est moins importante (en particulier si vous avez pris beaucoup de poids pendant la grossesse). Si vous n'aviez pas de surpoids avant la grossesse, préférez une ceinture étroite, que l'on place au niveau des hanches juste sous le ventre, avec des sangles d'ajustement de part et d'autre pour assurer le meilleur maintien possible. Si vous avez déjà un surpoids ou que vous avez une prise de poids importante pendant la grossesse, une ceinture plus large, donc avec plus de maintien, sera sans doute plus efficace. Dans les deux cas, n'hésitez pas à vous rendre en boutique pour faire des essais et tester ce qui vous convient le mieux. Demandez également à ce que l'on vous montre comment positionner la ceinture : un mauvais positionnement la rend inefficace, voire contre-productive.

COMMENT LES SOULAGER ?

Quelques exercices simples que vous pouvez pratiquer tout au long de la grossesse peuvent vous permettre de soulager des maux de dos.

» Le chat-vache à quatre pattes

Mettez-vous à quatre pattes sur un tapis de sol ou une serviette de bain épaisse, les genoux écartés de la largeur des hanches et les mains alignées sous les épaules. Levez la tête et envoyez le ventre vers le sol en inspirant, puis rentrez la tête entre les épaules et arrondissez le dos en expirant. Essayez d'inspirer sur trois secondes, faites une pause d'une seconde, puis expirez sur trois à cinq secondes. Faites plusieurs cycles de respirations en alternant dos rond-dos creux (chat-vache), jusqu'à ressentir la détente dans le bas du dos et dans le bassin.

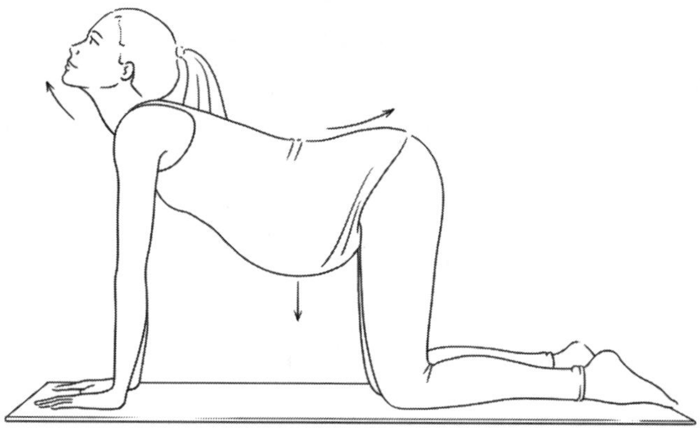

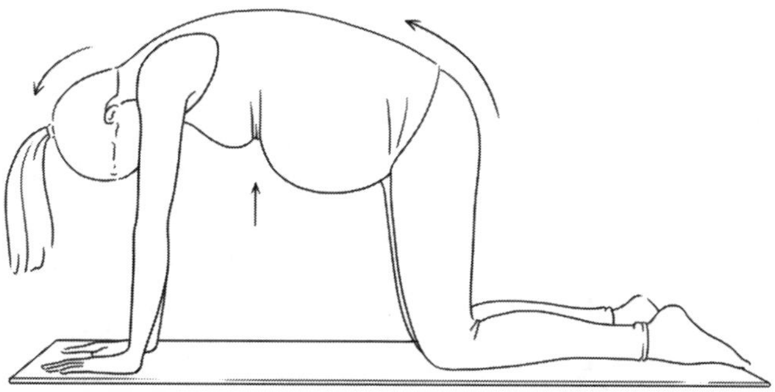

» Le chat-vache assis

Asseyez-vous en lotus ou en tailleur sur un tapis de sol ou sur un coussin ferme, en veillant à bien positionner votre bassin vers l'avant pour diminuer l'hyperlordose. Tendez vos bras devant vous, joignez vos mains, puis inspirez en regardant en l'air et en envoyant vos bras tendus et vos mains vers le ciel. Gardez les mains jointes, baissez vos bras tendus devant vous en expirant et en baissant la tête vers la poitrine. Essayez d'inspirer sur trois secondes, faites une pause d'une seconde, puis expirez sur trois à cinq secondes. Faites plusieurs cycles de respirations ainsi.

» La bascule du bassin

Pour celles qui peuvent être en position allongée sur le dos sans avoir la tête qui tourne, positionnez-vous sur une surface plane et ferme (tapis de sol, tatami), allongée sur le dos, avec les genoux relevés et les pieds au sol. Soulevez légèrement le bassin comme si vous vouliez faire le pont puis reposez votre dos vertèbre par vertèbre, de façon à bien « dérouler » la colonne vertébrale. Pour vous aider à décambrer le dos, vous pouvez placer une serviette repliée ou un coussin peu épais sous vos fesses au moment où vous déroulez la colonne. Cela permet au bassin, et en particulier au sacrum, situé en bas de la colonne vertébrale, de se positionner vers l'avant et ainsi de soulager les tensions dorso-lombaires. Vous pouvez soulever à nouveau le bassin et essayer d'ouvrir un peu plus les vertèbres, jusqu'à avoir le dos presque à plat sur le sol. Pour un soulagement complet des lombaires, placez un ou plusieurs coussins sous vos fesses de sorte que votre dos soit totalement à plat au sol et qu'on ne puisse plus glisser la main entre le dos et le sol. Attention, selon le volume de votre ventre, cette position peut être inconfortable. Trouvez le juste équilibre entre le soulagement du dos et le confort abdominal.

» Le balancier coccygien

Cet exercice permet une relaxation profonde du bas du dos avec une prise de conscience de la différence entre l'activation et le relâchement de cette zone, qui est particulièrement sollicitée pendant la grossesse.

Allongez-vous sur le dos, les jambes pliées et les pieds à plat sur le sol, les bras le long du corps avec les paumes tournées vers le ciel. Placez votre attention au niveau de la pointe de votre coccyx et sans décoller les fesses, faites pointer successivement votre coccyx vers le sol à l'inspiration, puis vers le haut à l'expiration. Alternez doucement ces deux positions : inspirez coccyx vers le bas, expirez coccyx vers le haut. Remarquez que la bascule de votre coccyx entraîne la colonne vertébrale et que votre tête glisse également en suivant le mouvement initié par le coccyx pointé vers le haut/coccyx vers le bas. Notez comment les muscles du bas du dos sont légèrement en tension (« activés ») lorsque le coccyx pointe vers le bas. Lorsque vous faites pointer le coccyx vers le haut, n'essayez pas d'écraser le bas du dos contre le sol mais simplement de relâcher la tension qui était dans les muscles du bas du dos.

Répétez lentement ce mouvement de balancier pendant quelques minutes en vous concentrant sur cette alternance activation/relâchement au niveau du bas du dos afin de trouver de la détente dans cette zone.

Beaucoup d'autres moyens de soulager les douleurs dorsales existent, notamment par l'utilisation de tapis d'acupression qui pourrait convenir à certaines d'entre vous. Ces tapis comportent des picots disposés sur toute la surface de la toile qui, selon les descriptions des fabricants, permettraient de stimuler la microcirculation au niveau cutané, de libérer des endorphines en raison des multiples points de pression au niveau de chaque picot et enfin d'activer (cependant aléatoirement) certains points d'acupression. Deux conseils avant d'investir dans ces tapis quelque peu onéreux :

- testez-en différents modèles dans des magasins de sport ou de bien-être qui proposent ce type d'articles ;
- si la sensation procurée par le tapis d'acupression vous plaît, vous en trouverez facilement sur des sites ou applications de seconde main, ce qui vous permettra des économies conséquentes sur le prix !

Enfin le recours à des traitements manuels par des kinésithérapeutes, des ostéopathes ou des chiropracteurs est tout à fait indiqué en cas de douleurs persistantes ; parlez-en à votre praticien·ne de référence, qui vous orientera au mieux selon vos besoins.

DOULEUR DE LA SYMPHYSE PUBIENNE : LE SYNDROME DE LACOMME

Le syndrome de Lacomme, aussi appelé « arthropathie de la symphyse pubienne » ou « instabilité de la symphyse pubienne », se caractérise par une douleur affectant l'avant du pubis (au niveau de la jonction entre les deux os qui composent l'avant du bassin osseux) et l'une voire les deux articulations sacro-iliaques situées à l'arrière du bassin, ce qui provoque une douleur au milieu de la fesse. Ces douleurs sont dues à l'hypermobilité des jointures ostéo-articulaires consécutive à l'imprégnation hormonale de la grossesse : le corps se prépare à l'accouchement, en particulier au niveau du bassin, en augmentant sa flexibilité et sa plasticité.

Ces douleurs de la symphyse peuvent apparaître à tout moment de la grossesse, mais surviennent généralement après cinq mois et concerneraient environ une femme enceinte sur cinq. Cette hypermobilité au niveau des jointures des os du bassin occasionne des douleurs à la marche, ressenties à chaque impact du pied. Les femmes touchées par le syndrome de Lacomme présentent alors une démarche « en canard » et, dans les cas les plus prononcés, les douleurs peuvent devenir invalidantes au point d'aboutir à l'alitement complet.

TÉMOIGNAGE DE SANA, 26 ANS

> *« Je n'avais jamais entendu parler des douleurs qu'on peut avoir au niveau du bassin, alors quand j'ai commencé à avoir mal au niveau du pubis, je n'avais pas du tout imaginé que je pourrais être carrément arrêtée de travailler avant mon congé maternité à cause de cela. J'avais des douleurs tellement fortes que je ne pouvais plus marcher sans avoir super mal, cela devenait de plus en plus difficile chaque semaine et il n'y avait pas grand-chose qui m'aidait. J'ai eu quelques séances de kiné que mon gynéco m'avait prescrites ; je*

ne sais pas si cela a changé quelque chose, peut-être que cela a évité que cela s'aggrave, mais en tout cas, cela n'a pas permis de me soulager et de faire disparaître la douleur. Une fois que j'ai été suivie à la maternité, on m'a dit de porter une ceinture de grossesse, mais je pense que je n'ai pas forcément eu le bon modèle parce que cela n'a pas changé grand-chose. Au final, ce qui m'a vraiment aidée, c'est d'accoucher et de ne plus avoir tout ce poids dans le ventre. Et même l'accouchement, ce n'est pas radical, parce qu'il m'a fallu plusieurs semaines pour ne plus avoir mal du tout. »

TÉMOIGNAGE DE JEANNE, 31 ANS

« Moi, c'est sur la fin de la grossesse que j'ai ressenti des douleurs dans le bassin. En particulier, je peinais beaucoup à monter les escaliers. Donc, c'est pas mal si on en a conscience pour ne pas prévoir un trek en montagne dans les deux-trois derniers mois ! »

COMMENT LE PRÉVENIR ? COMMENT LE TRAITER ?

S'il n'existe pas à proprement parler de traitement pour le syndrome de Lacomme – hormis l'accouchement ! –, différentes solutions peuvent être mises en place pour soulager les douleurs liées à l'hypermobilité ostéo-articulaire du bassin. L'une des alliées majeures est la ceinture de grossesse, dont on a déjà vu les différents types dans la section consacrée aux maux de dos. Pour soulager les douleurs du bassin, une ceinture avec une grande capacité de maintien est à privilégier. Demandez conseil à votre revendeur (pharmacie, magasin spécialisé) avant achat et évitez les achats d'occasion car vous ne savez pas pour combien de grossesses la ceinture a été utilisée : plus elle aura servi et moins elle sera efficace, car les fibres élastiques auront perdu de leur résistance. Enfin, l'ostéopathie est d'une grande aide pour tout ce qui concerne les douleurs de la région pubienne, en particulier pour le syndrome de Lacomme.

LE MOT DE L'OSTÉOPATHE

« Comme la grossesse est un phénomène dynamique, on va s'adapter aux modifications morphologiques au fur et à mesure de son évolution. On utilise des techniques spécifiques à la femme enceinte, qui ont notamment pour objectif de libérer les tensions ligamentaires et musculaires au niveau du bas du dos, ce qui va permettre de soulager les articulations. Avec les techniques d'ostéopathie, on arrive aussi à travailler sur les parties molles et en particulier leur vascularisation, ce qui va également aider à soulager certaines tensions. On peut aussi conseiller des postures adaptées et des exercices pour limiter l'aggravation des symptômes, ou pour prévenir leur apparition quand les patientes viennent nous voir dans le cadre d'une consultation de routine. »

DOULEURS DU COCCYX

Vous ressentez une douleur à la naissance du pli interfessier en vous levant ? Vous avez des douleurs ou une gêne en position assise ? Vous êtes soulagée lorsque vous êtes debout ou lorsque vous marchez ? Vous avez peut-être une coxalgie ou des coccygodynies, qui sont des douleurs au coccyx sans gravité mais parfois invalidantes. Situé à la pointe de la colonne vertébrale en dessous du sacrum, le coccyx est un vestige de la queue de nos ancêtres primates. Il est donc légèrement mobile – ce qui est très pratique pour l'accouchement, mais peut occasionner des douleurs lorsque sa mobilité met en tension des faisceaux musculo-nerveux et tendineux.

Pendant la grossesse, la prise de poids ainsi que les changements posturaux et l'ensemble des réorganisations des organes et des tissus pelviens vont générer des zones de traction, de tension et de pression qui peuvent se répercuter sur le coccyx et créer ainsi des douleurs. En outre, le coccyx peut être luxé au moment de l'accouchement ou suite à une chute, au niveau de son articulation avec le sacrum.

COMMENT LES PRÉVENIR ? COMMENT LES SOULAGER ?

La kinésithérapie manuelle (par manipulation interne et/ou externe) ou l'ostéopathie sont les traitements de référence pour ces douleurs. Par ailleurs, l'ostéopathie peut contribuer à améliorer la mobilité du coccyx et ainsi favoriser un passage aisé de la tête du fœtus dans le bassin au moment de la naissance. Le ou la praticien·ne qui vous reçoit en consultation pour des coccygodynies pourra vous montrer des exercices et des postures pour éviter leur aggravation ou leur récidive.

TÉMOIGNAGE DE RACHEL, 29 ANS

« À la fin de ma grossesse, je me souviens d'avoir eu des douleurs très spéciales au niveau du coccyx et du bas du dos. Ma sage-femme, qui est aussi ostéopathe, m'a expliqué que la grossesse réveillait parfois des douleurs anciennes à cause des modifications du corps. Et c'est vrai que cela m'a beaucoup rappelé les douleurs que j'avais eues suite à une chute de cheval quand j'étais adolescente, alors même que j'avais eu des radios et qu'on ne m'avait rien trouvé à ce moment-là. Je n'avais pas l'habitude d'aller chez l'ostéo à cette époque-là, mais les douleurs avaient disparu d'elles-mêmes au bout de quelques semaines. Donc c'était très bizarre de retrouver ces sensations un peu sans raison pendant la grossesse, alors que je n'étais pas tombée ou quoi que ce soit d'autre ! Et c'est clair que ce sont les manipulations de ma sage-femme qui ont pu m'aider à faire diminuer les douleurs, parce qu'après chaque séance d'ostéo que j'ai eue avec elle, je me sentais infiniment mieux. Mais cela revenait toujours au bout d'une semaine ou dix jours et cela a rendu la fin de ma grossesse vraiment pénible. De plus, je savais que la douleur pouvait augmenter après l'accouchement à cause des risques de luxation du coccyx, et je dois dire que cela a aussi créé une appréhension pour le jour J. J'en ai parlé à la sage-femme qui s'est occupée de moi à l'accouchement et je me souviens qu'elle a été super attentive à toujours me demander comment je me sentais à ce niveau-là ; elle m'a aussi fait mettre dans des positions qui permettent de laisser le coccyx plus libre. Elle m'a aussi proposé d'accoucher sur le côté pour préserver le maximum de liberté de mouvement au coccyx. Au final, il a fallu utiliser des forceps, donc cela n'a pas pu avoir lieu de cette façon, mais j'ai trouvé cela super qu'elle prenne en compte mon appréhension alors même qu'il n'y avait pas de douleur ou de problème sur le moment. En même temps, j'étais sous péridurale, donc je pense que cela a dû empêcher que j'aie mal ? »

DOULEURS LIGAMENTAIRES UTÉRINES

Tout au long de la grossesse, l'utérus grossit. Mais il ne fait pas que prendre du volume : il prend aussi du poids, en développant l'ensemble des structures qui le composent, en particulier les fibres musculaires lisses qui lui permettent de se contracter. Cette augmentation du poids utérin, à la fois de l'organe lui-même et de son contenu (le fœtus, le placenta, le liquide amniotique), peut occasionner des douleurs. En effet, l'utérus est « retenu » vers l'intérieur du ventre par des ligaments suspenseurs, qui sont de plus en plus étirés au fur et à mesure qu'il grossit. Mis sous tension, ces ligaments peuvent engendrer une douleur au niveau des plis de l'aine, parfois d'un côté seulement, ou bien de chaque côté.

COMMENT LES PRÉVENIR ? COMMENT LES SOULAGER ?

Comme pour toutes les douleurs pelviennes, la ceinture de grossesse est indiquée car elle permet de répartir le poids situé à l'avant et donc de soulager, partiellement ou totalement, la traction exercée sur les ligaments utérins. Une bonne position de couchage, avec un maintien correct du ventre en position allongée, est également importante pour diminuer la traction sur les ligaments utérins. Bonne nouvelle : intervenant plutôt en début de grossesse, ces douleurs ont tendance à diminuer au fur et à mesure que celle-ci avance !

SCIATIQUE ET CRURALGIE : DOULEURS DANS LA FESSE, LA HANCHE ET/OU LA JAMBE

TÉMOIGNAGE DE SOLÈNE, 31 ANS

> *« Ma grossesse a été pénible du début jusqu'à la fin, avec une sensation de gueule de bois quotidienne. À cela se sont ajoutées dès le deuxième trimestre une pubalgie et des douleurs sciatiques. J'ai dû arrêter de travailler à partir de cinq mois de grossesse, car mon travail de violoncelliste requiert d'être assise et sa nature ne permet pas de m'installer sur un ballon gonflable, qui était pourtant ce qui pouvait me soulager. »*

La prise de poids, inévitable pendant la grossesse, est à l'origine de compressions nouvelles sur des zones qui ne sont habituellement pas soumises à des pressions aussi importantes. De plus, sous l'effet des hormones de grossesse, il existe une tendance normale à la rétention d'eau, qui peut occasionner des douleurs dans les membres inférieurs. Lorsque les douleurs sont unilatérales, il s'agit le plus souvent de névralgies (douleurs le long de trajets nerveux), qui sont dues à des compressions au niveau de l'origine du nerf sciatique ou du nerf crural, dans le bas de la colonne vertébrale. Ainsi, si la douleur est ressentie dans la jambe, c'est en fait dans le dos que se trouve l'origine des maux ! Aussi, toutes les astuces et tous les conseils proposés dans la section consacrée aux maux de dos peuvent être mis en place et avoir des effets bénéfiques sur les douleurs de sciatique et les cruralgies.

La plus connue et la plus fréquente des névralgies des membres inférieurs est la sciatalgie, appelée « sciatique », du nom du nerf qui est en jeu. En cas de sciatique, on ressent une douleur partant de la fesse et pouvant irradier tout le long de l'arrière de la jambe jusqu'au pied, ce qui rend parfois la marche impossible. La racine du nerf crural peut elle aussi être atteinte, provoquant cette fois une douleur à l'avant de la cuisse, dans le genou, le tibia et parfois jusqu'au pied.

COMMENT LES PRÉVENIR ? COMMENT LES SOULAGER ?

Les névralgies imputables à la prise de poids sont difficiles à soulager une fois qu'elles sont installées et seule une prise en charge kinésithérapique et/ou ostéopathique, combinée avec des antalgiques et anti-inflammatoires – sur prescription médicale uniquement ! –, permet d'améliorer les symptômes jusqu'à l'accouchement. La prévention de ces névralgies passe par un renforcement des chaînes musculaires du dos. Différentes techniques peuvent être pratiquées (Pilates, méthode de Gasquet, yoga prénatal...) sous l'égide d'un·e professionnel·le correctement formé·e à ces méthodes, de préférence avec une formation initiale de kinésithérapeute ou d'ostéopathe, ou bien avec une sage-femme spécialisée dans ces techniques. La pratique régulière de la natation est également recommandée pour l'amélioration et le maintien du tonus musculaire pendant la grossesse. Peu traumatique pour le corps grâce à la diminution de la pesanteur dans l'eau, la natation est LE sport pour les femmes enceintes, donc prenez un abonnement à la piscine municipale sans hésiter, ses bénéfices sont innombrables !

LES DOULEURS DES TISSUS MOUS ET DES ORGANES PELVIENS

Un certain nombre de douleurs féminines, qu'elles soient ou non liées à la grossesse, sont trop souvent occultées : ce sont celles qui concernent le vagin ou la zone périanale. Pourquoi n'en parle-t-on pas ? Parce qu'elles font l'objet d'un tabou, c'est-à-dire qu'il existe un interdit social qui empêche de parler de ce sur quoi le tabou est apposé – ici, les parties génitales et anales féminines.

Le concept de tabou est issu de l'anthropologie des lointaines sociétés de Polynésie et a ensuite été repris par la psychanalyse pour désigner certaines interdictions communes à un corps social (le tabou de l'inceste, par exemple), caractérisées par l'horreur ou le dégoût qu'inspirent les actes ou les choses « tabouisés ». Dans nos sociétés, les femmes ont été considérées comme impures pendant des siècles, en particulier par les religions monothéistes et la médecine, tout comme dans la culture populaire. Par exemple, il existait des croyances concernant la période des menstruations qui interdisaient aux femmes de toucher au lait pendant leurs règles sous peine de le faire cailler par simple contact. Aujourd'hui, le tabou des règles s'exprime plutôt par une occultation de ces dernières, en particulier des douleurs qu'elles peuvent occasionner. Un collectif de sportives a tenté de lever ce tabou dans les médias, en parlant de l'impact des règles sur les performances sportives, facteur jusqu'alors totalement passé sous silence et qui joue pourtant un rôle déterminant à la fois dans les résultats sportifs, mais aussi dans certaines pratiques comme la mise sous pilule en continu pour arrêter les règles.

Lorsque vous êtes dans le cadre d'une consultation médicale, ces tabous n'ont plus lieu d'être : vous êtes dans un espace de confiance, vous pouvez donc parler de tout sans aucune crainte ni honte. Les professionnel·le·s qui vous accompagnent sont là pour vous aider sans jugement. Si cela peut vous aider, dites-vous qu'ils et elles en ont vu bien d'autres !

LES DYSPAREUNIES : LES DOULEURS PENDANT LES RAPPORTS SEXUELS

Outre les modifications de la libido directement influencées par les changements hormonaux de la grossesse, il existe également une transformation de la sensibilité des organes génitaux et sexuels. Des douleurs de type brûlures, picotements, coupures, ou encore des contractions involontaires (spasmodiques) des muscles du plancher pelvien peuvent ainsi se manifester lors des rapports sexuels.

LES MODIFICATIONS DE LA SEXUALITÉ PENDANT LA GROSSESSE

La plupart du temps, les femmes qui souffrent de dyspareunies décrivent des douleurs lors de la pénétration de localisation variable, soit superficielle (douleur à l'entrée du vagin), soit profonde (douleur irradiant dans le rectum, au niveau du col de l'utérus ou des culs-de-sac vaginaux, au niveau de la vessie et de l'urètre).

Ces douleurs peuvent résulter d'une hypersensibilité au niveau des terminaisons nerveuses, du clitoris en particulier, d'une sécheresse vaginale liée au climat hormonal spécifique de la grossesse, ou encore de compressions des zones vésicales, vaginales et rectales par le poids du contenu utérin. Elles peuvent également être liées à des infections gynécologiques (par exemple, une mycose ou une infection urinaire), à des varices vulvaires ou encore à de l'endométriose (en particulier au premier trimestre).

QUELLE PRISE EN CHARGE DE LA DOULEUR PENDANT LES RAPPORTS SEXUELS ?

Beaucoup plus fréquentes qu'on ne le croit, les dyspareunies pendant la grossesse peuvent être prises en charge par un·e clinicien·ne, de préférence formé·e à la sexologie. Il faut avoir écarté toute cause infectieuse, vasculaire ou d'origine endométriale, et seule votre sage-femme, votre médecin traitant ou votre gynécologue est à même de poser le diagnostic permettant d'établir l'origine des douleurs au moment des rapports. Il y a donc de nombreux traitements qui existent, adaptés selon l'étiologie de la douleur ; autrement dit, avoir mal pendant les rapports sexuels n'est pas une fatalité et il faut en parler avec votre praticien·ne traitant·e afin qu'il ou elle puisse vous aider, ou vous orienter vers un·e collègue compétent·e s'il ou elle n'est pas à même de vous apporter des solutions adaptées.

QUELQUES CONSEILS ET ASTUCES EN CAS DE DYSPAREUNIES IDIOPATHIQUES

Avant toute chose, suivez votre désir : les douleurs peuvent être liées à une absence de désir pour votre partenaire, ou pour certaines pratiques. Dans ces situations, il peut être difficile d'en faire part à son ou sa partenaire, mais la communication dans le couple est ici un point essentiel ! Essayez d'engager la discussion sur le sujet et n'hésitez pas à vous faire aider en couple par un·e thérapeute si vous en ressentez le besoin.

Utilisez du lubrifiant à l'eau ou de l'huile végétale bio, type huile d'olive ou huile de colza, ou bien encore de l'huile coco solide qui fondra au contact de la chaleur de la peau (évitez l'huile d'amande douce ou l'huile d'arachide si vous avez des allergies) : l'usage d'un lubrifiant permet de réduire de manière significative les douleurs liées à la sécheresse vaginale. Et déculpabilisez-vous si votre lubrification vaginale naturelle est moins abondante qu'à l'accoutumée : les hormones de la grossesse ne sont pas forcément vos alliées en la matière !

Transformez positivement les contraintes de la grossesse et voyez-les comme une source de créativité pour inventer de nouvelles règles du jeu ! Comme le disait Charles Baudelaire, « parce que la forme est contraignante, l'idée jaillit plus intense » : de la contrainte naît la créativité, donc pourquoi ne pas saisir cette opportunité pour explorer, diversifier et transformer votre sexualité ?

Préférez la qualité à la quantité. Beaucoup d'idées reçues circulent sur le nombre « normal » de rapports sexuels par semaine ou par mois. En réalité, leur fréquence est très variable selon les périodes de la vie, les contextes, et n'est pas du tout constante tout au long de la vie. Prêtez attention au cadre, prenez votre temps : cela contribue à un vécu non douloureux des rapports sexuels.

LES INFECTIONS GÉNITALES BASSES

Le vagin et toute la zone génito-anale forment un écosystème où vivent de très nombreux organismes microscopiques (bactéries, levures et champignons) qui ont pour fonction de protéger cette zone des agents pathogènes qui viennent de l'extérieur. Ce microbiote vaginal est très sensible aux variations du pH, c'est-à-dire à l'acidité plus ou moins forte du milieu dans lequel il vit. Les hormones de grossesse ont tendance à modifier l'acidité vaginale et peuvent provoquer l'apparition de mycoses, en particulier celles provoquées par la présence d'un champignon appelé *Candida albicans*.

LES MYCOSES VAGINALES

Les symptômes typiques de la mycose sont l'inconfort, la gêne voire la douleur de type brûlures et démangeaisons au niveau de la vulve et du vagin, accompagnés de pertes vaginales abondantes et/ou malodorantes. Différents types de mycoses et de vaginoses existent et votre praticien·ne devra réaliser un examen gynécologique et vous prescrire des examens complémentaires de bactériologie nécessaires à l'identification du ou des germes en cause. Une fois le germe identifié, il ou elle pourra mettre en place un traitement adapté, le plus souvent à base d'ovules antifongiques.

La difficulté principale du traitement des mycoses pendant la grossesse est le risque de récidives, nombreuses en raison de la modification du pH vaginal causé par les hormones. En cas de mycoses récidivantes, seule l'application de règles hygiéno-diététiques sur toute la durée de la grossesse pourra permettre d'éviter ou d'espacer leur retour.

MES CONSEILS ET ASTUCES POUR PRÉVENIR LES MYCOSES

Utilisez des sous-vêtements à votre taille (évitez les sous-vêtements serrés), en fibres naturelles absorbantes (coton, lin). Évitez les protections hygiéniques jetables, dont la composition – majoritairement des dérivés du pétrole – favorise la prolifération microbienne. Si les pertes abondantes vous gênent, utilisez des culottes menstruelles ou des protections intimes lavables et réutilisables en coton.

Les douches vaginales (injection d'eau dans le vagin) sont à proscrire absolument : l'intérieur du vagin est « autonettoyant », il n'a pas besoin d'être lavé.

Utilisez un savon au pH adapté : si votre flore vaginale est en bonne forme, utilisez un savon au pH acide ou neutre (inférieur ou égal à 7) pour maintenir son équilibre ; si vous êtes déjà sujette aux mycoses, préférez au moment des crises un savon au pH basique, donc plus élevé (au-delà de 7). Les savons artisanaux en saponification à froid ont un pH basique et peuvent donc être utilisés sans difficulté dans ce contexte.

Les bains de siège au bicarbonate peuvent aider à maintenir un pH adapté, à raison d'une cuillerée à soupe de bicarbonate par litre d'eau tiède. Restez assise cinq à dix minutes dans le bain de siège pour une efficacité optimale.

Mangez des produits laitiers fermentés et en général tous les aliments fermentés (légumes lacto-fermentés type choucroute, mais aussi miso ou kéfir de lait ou de fruits), qui contiennent un grand nombre de probiotiques et devraient être consommés quotidiennement.

S'ils ne sont pas systématiquement prescrits par les praticien·ne·s, les probiotiques en gélules ou en sachets commercialisés par certaines firmes pharmaceutiques sont de précieux alliés pour éviter les mycoses. Privilégiez la voie orale pour éviter les manipulations excessives au niveau du vagin : plus vous le laisserez tranquille et mieux il se portera ! Lorsque vous choisissez un probiotique, optez pour ceux dont le nombre de souches est le plus élevé (plusieurs milliards), et surtout assurez-vous que la date de péremption est lointaine : la fraîcheur du produit est essentielle !

BON À SAVOIR

Les mycoses à *Candida albicans* ne sont généralement pas le fait d'une contamination extérieure mais résultent le plus souvent d'une modification de l'équilibre acido-basique du vagin. Les mycoses sont presque sans risque pour le fœtus, mais il est toujours préférable de traiter les mycoses vaginales avant l'accouchement afin de limiter le risque de transmission à la naissance, en particulier en cas de risque d'accouchement prématuré.

LA CYSTITE

La grossesse est un facteur de risque pour le développement d'infections urinaires, même si vous n'y étiez pas sujette avant la grossesse. La plupart des infections urinaires basses, appelées couramment « cystites », sont causées par la présence d'une bactérie qui vit normalement dans le tube digestif, *Escherichia coli*, mais qui se retrouve dans le conduit de l'urètre et remonte dans la vessie, où elle se multiplie et peut causer une infection au niveau de la vessie (cystite), voire au niveau des reins (pyélonéphrite). Les symptômes associent une douleur aiguë à la miction, une envie d'uriner très fréquente et impérieuse (sensation de ne pas pouvoir se retenir) ; parfois, il y a également la présence de sang dans les urines, et celles-ci sont malodorantes. Le plus souvent, il n'y a pas de fièvre associée. Ces symptômes doivent vous faire consulter sans tarder votre médecin traitant ou votre praticien·ne référent·e pour la grossesse : toutes les cystites pendant la grossesse doivent impérativement faire l'objet d'un traitement antibiotique après consultation médicale, car le risque de complication vers une pyélonéphrite – une infection grave et douloureuse des reins – est accru pendant la grossesse.

MES CONSEILS ET ASTUCES POUR PRÉVENIR LES INFECTIONS URINAIRES

Pendant et après une cystite, des mesures hygiéno-diététiques doivent être mises en place afin de limiter le risque de récidive :

- portez des sous-vêtements en fibres naturelles et évitez les strings et les pantalons serrés, qui favorisent la macération et donc la migration des germes fécaux vers le périnée antérieur ;
- urinez après les rapports sexuels, en particulier s'il y a eu pénétration. Observez une bonne hygiène des mains, ce qui permet de limiter les risques infectieux ;
- buvez un litre et demi à deux litres de boisson non sucrée par jour. Le café et le thé étant des excitants vésicaux, ils sont à consommer avec modération. Préférez-leur des infusions de plantes, en particulier celles de bruyère et de busserole, intéressantes pour leur capacité protectrice de l'épithélium vésical et leurs propriétés antiseptiques ;

- la prise de jus de cranberry (canneberge) n'est pas indiquée, car elle apporte trop de sucre et trop peu de proanthocyanidines (PAC) pour être un mode d'administration intéressant. En revanche, les gélules contenant de la poudre de canneberge dosée à au moins 36 mg de PAC sont très intéressantes en traitement de fond pour éviter les récidives. La canneberge empêche en effet les bactéries de s'accrocher à la paroi de la vessie et permet donc l'évacuation régulière des germes pathogènes avec les urines.

LES DOULEURS DU SYSTÈME DIGESTIF

LES NAUSÉES ET VOMISSEMENTS GRAVIDIQUES

TÉMOIGNAGE DE JULIETTE, 33 ANS

> *« J'ai eu de fortes nausées pendant tout le premier trimestre de ma grossesse. Depuis le matin jusqu'au soir, elles ne me laissaient pas de répit. Cela n'allait pas jusqu'aux vomissements – même s'il m'est arrivé de penser qu'un bon vomi permettrait peut-être de faire disparaître les nausées. L'inconfort était amplifié en présence de personnes qui fumaient ou dans les pièces fermées avec un peu de monde. J'ai fini par me promener en permanence avec des gouttes d'huile essentielle de menthe poivrée que je versais sur un mouchoir à respirer pour me soulager. »*

La cause des nausées et vomissements gravidiques est mal connue. Plusieurs facteurs seraient en jeu, notamment l'hormone sécrétée par le placenta (bêta-HCG), ainsi que l'effet des œstrogènes présents à haute dose pendant la grossesse, qui modifient tout le fonctionnement du système digestif. Des causes psychologiques ainsi que des prédispositions génétiques font également partie des pistes avancées, mais les preuves scientifiques restent insuffisantes pour pouvoir déterminer avec précision l'origine de ces nausées et vomissements gravidiques. Touchant plus de deux tiers des femmes enceintes à des degrés divers, ils sont plus fréquents en début de grossesse et tendent à disparaître au début du deuxième trimestre. Outre la douleur au niveau de l'estomac qui peut être ressentie lors des nausées ou des vomissements, ces troubles sont source de fatigue et d'une gêne parfois très invalidante. Ils peuvent entraîner des pertes de poids et, en cas de vomissements abondants, il existe un risque de déshydratation et de déséquilibre électrolytique dans le sang. Certaines formes graves mais heureusement rares peuvent même amener à une hospitalisation.

COMMENT LES PRÉVENIR ET LES SOULAGER ?

Le traitement médicamenteux des nausées et vomissements n'est pas préconisé lorsqu'ils sont dans une forme légère à modérée. Mais quelques mesures hygiéno-diététiques peuvent contribuer à les atténuer :

- si les nausées apparaissent le matin au réveil, conservez une boîte de biscuits secs peu sucrés près de votre lit et essayez d'en manger un avant de vous lever. Cette astuce fonctionne en particulier pour celles pour qui les nausées sont calmées par la prise de nourriture, ce qui n'est pas le cas pour toutes ;
- le fractionnement des repas est à privilégier. Attention, cela ne veut pas dire qu'il faut manger plus en quantité ! Il s'agit simplement d'augmenter la fréquence des prises alimentaires : autrement dit, vous mangez des quantités identiques à votre habitude hors grossesse, mais réparties en quatre à six prises tout au long de la journée plutôt qu'en deux ou trois prises ;
- le gingembre pris sous forme de tisane, confit, en jus ou en comprimés montre une certaine efficacité. Testez différentes formes pour trouver celle qui pourrait vous convenir. En comprimés ou en gélules, ne dépassez pas la dose d'un gramme par jour ;
- les bracelets d'acupression, à porter aux poignets, ou des séances d'acupuncture avec un·e praticien·ne formé·e à la médecine chinoise semblent avoir une certaine efficacité sur les nausées de grossesse (pour plus d'informations sur l'acupression, reportez-vous à la page 129 de cet ouvrage) ;
- suivez votre instinct pour la nourriture ! Sans excès, bien sûr, mais fiez-vous à vos envies : généralement, elles vous guident dans la bonne direction pour éviter les nausées ;
- prenez autant que faire se peut le temps du repos car la fatigue augmente les nausées et les vomissements.
- L'utilisation des huiles essentielles contre les nausées gravidiques est préconisée uniquement par inhalation sèche, c'est-à-dire en déposant quelques gouttes d'huile essentielle sur un mouchoir ou un tissu que l'on respire (en évitant le contact direct avec la peau). Les huiles essentielles à utiliser (peu onéreuses et faciles à trouver) sont le citronnier, la lavande fine ou le gingembre. Attention, la menthe poivrée, et plus généralement toutes les huiles essentielles contenant des cétones (romarin à camphre, eucalyptus globuleux, eucalyptus mentholé), sont à proscrire pendant la grossesse car neurotoxiques pour le fœtus.

LE REFLUX GASTRO-ŒSOPHAGIEN (RGO)

Le reflux gastro-œsophagien (RGO), plus connu sous le nom de « brûlures d'estomac », est le passage anormal du contenu de l'estomac vers l'œsophage, qui peut remonter jusque dans la gorge et donner un goût amer dans la bouche. Le pH de l'estomac étant extrêmement acide, tout passage de liquide ou de matière de l'estomac vers l'œsophage occasionne des brûlures d'intensité variable, parfois accompagnées d'une toux sèche après le repas et de douleurs à l'épigastre (le creux entre les côtes au niveau du plexus solaire). Là encore, ce sont les hormones de la grossesse qui sont en cause : les œstrogènes ont tendance à occasionner le relâchement des fibres musculaires, et ce à tous les endroits du corps, y compris au niveau du sphincter, qui ouvre et ferme l'estomac du côté de l'œsophage. Ainsi, le sphincter, qui est normalement fermé en dehors des moments de prise alimentaire, étant moins tonique, il laisse passer une fraction du contenu gastrique provoquant ces brûlures. Par ailleurs, le surpoids est également un facteur de risque, et l'augmentation du volume de l'utérus vient comprimer l'estomac, favorisant mécaniquement la remontée du contenu gastrique vers l'œsophage. La consommation de tabac augmente également les risques de RGO.

COMMENT LE PRÉVENIR ? COMMENT LE SOULAGER ?

Le meilleur traitement du RGO est sans aucun doute… l'accouchement ! Mais ses symptômes peuvent être soulagés par différentes mesures hygiéno-diététiques, et éventuellement traités par voie médicamenteuse si les mesures mises en place ne suffisent pas à diminuer le RGO.

S'il n'existe aucune preuve scientifique d'un lien entre le type d'aliments que l'on mange et l'aggravation du RGO, les patientes rapportent que l'éviction du café, du chocolat, des tomates, des aliments gras, du piment, des boissons gazeuses (y compris l'eau pétillante), des agrumes (y compris sous forme de jus), du lait ou encore des oignons permettrait une diminution des symptômes. Testez-le et voyez si vous constatez une amélioration en évitant ces aliments, puis adaptez vos habitudes en fonction. Comme pour les nausées, fractionnez vos prises alimentaires en plusieurs petits repas. Cela permet à l'estomac de ne pas accueillir de trop grands bols de nourriture d'un seul coup et limite les remontées acides. Mastiquez bien et mangez lentement : cela facilite d'autant le travail de digestion par l'estomac.

Évitez de vous allonger peu de temps après la prise de nourriture, la position allongée favorisant le reflux. Prévoyez, idéalement, au moins deux à trois heures entre la fin de votre repas du soir et le moment du coucher. Dormez avec la tête et le haut du buste surélevés, voire en position semi-assise si elle vous est confortable.

Évitez les ceintures hautes, qui pourraient comprimer l'estomac et favoriser les remontées acides. Limitez autant que possible les sources de stress, qui majore le RGO. Souvent plus facile à dire qu'à faire... Enfin, certaines spécialités pharmaceutiques de supplémentation en fer peuvent aggraver ou déclencher un RGO. Si vous remarquez une concomitance entre la prise de fer et une apparition ou une aggravation des symptômes de RGO, parlez-en avec votre praticien·ne référent·e et évaluez la pertinence d'un changement de forme galénique.

Si le reflux persiste malgré ces mesures, un traitement par antiacide ou inhibiteur de la pompe à protons pourra être mis en place, en complément de pansements gastriques (généralement sous forme de sachets unidoses) à prendre avant les repas.

TÉMOIGNAGE DE DELPHINE, 34 ANS

« Lors de ma première grossesse, j'ai commencé à ressentir une gêne au niveau du foie. Puis j'ai commencé à avoir des brûlures d'estomac. Ces brûlures s'intensifiaient au fur et à mesure que la journée passait. J'ai d'abord remarqué que je toussais après chaque repas. Le soir, j'avais des remontées très acides et une douleur forte à l'estomac. J'ai dû passer plusieurs nuits assise dans mon lit pour rendre les douleurs supportables. Cela a duré plusieurs semaines. J'ai donc dû consulter un médecin pour cela. Les médicaments que l'on me donnait pour calmer les brûlures n'agissaient pas et je ressentais que ce n'était pas l'origine de mon mal, comme si l'on me mettait un pansement sur une blessure

sans soigner son origine réelle. J'en ai parlé à ma sage-femme, qui m'a expliqué qu'un foie ralenti produisait moins de bile, ce qui pouvait créer des acidités dans l'estomac. Il fallait donc aider mon foie fatigué pour éviter les brûlures d'estomac. Elle m'a conseillé de commencer une cure de jus de citron à jeun le matin trente minutes avant mon petit déjeuner. C'est ce que j'ai fait, et cela m'a complètement et durablement soulagée. »

LE CONSEIL DE MARJOLAINE, SAGE-FEMME ET PHYTOTHÉRAPEUTE

« Très souvent, le réflexe que l'on a devant un reflux gastro-œsophagien pendant la grossesse, en tant que prescripteur, c'est de donner une ordonnance de pansement gastrique type Gaviscon® ou carrément un médicament qui permet de diminuer l'acidité type Mopral®. Mais cela ne règle pas le problème de fond, dont la source peut être multiple. Si le reflux est diagnostiqué pendant la grossesse, cela ne veut pas forcément dire que c'est la grossesse qui l'a déclenché : elle peut simplement avoir révélé un RGO qui était déjà présent à bas bruit mais qui n'avait pas été dépisté, soit parce qu'il était modéré, soit parce que la seule manifestation était la toux après le repas, par exemple. On peut croiser des tableaux assez peu francs comme cela, qui obligent les cliniciens à être un peu subtils et à aller vraiment chercher tous les indices qui vont permettre de poser le diagnostic.

Comme, pendant la grossesse, il est compliqué de connaître l'origine du reflux et d'être certaine que c'est du fait de l'imprégnation hormonale et de la compression de l'estomac, je recommande à toutes mes patientes de faire une cure de jus de citron pressé. Le citron est acide mais il est basifiant pour l'organisme, il aide à lutter contre l'acidose et permet de diminuer les acidités gastriques – même si cela semble paradoxal ! Le fait de le prendre à jeun le matin permet de provoquer une chasse biliaire depuis le foie et la vésicule biliaire vers l'estomac, et donc de dégrader les éventuels résidus non digérés des repas de la veille. »

BALLONNEMENTS, CONSTIPATION ET HÉMORROÏDES

POURQUOI LE TRANSIT EST-IL RALENTI PAR LA GROSSESSE ?

Sous l'effet des œstrogènes, tout le fonctionnement des muscles intestinaux est ralenti d'un bout à l'autre du tube digestif. Cette diminution de la motilité des intestins – c'est-à-dire leur capacité à faire avancer les matières depuis l'estomac vers la partie terminale du tube digestif qui est le rectum – provoque un ralentissement du transit et donc de la constipation, avec les symptômes qui lui sont souvent associés : les ballonnements et les hémorroïdes, c'est-à-dire le gonflement des veines situées autour de l'anus. En raison de cette imprégnation hormonale, il est tout à fait banal et même normal d'être sujette à la constipation pendant la grossesse, *a fortiori* si vous connaissiez déjà des épisodes de constipation ou bien si vous présentiez une constipation chronique en dehors de la grossesse. Par ailleurs, la compression mécanique de l'utérus sur le tube digestif est également source de troubles digestifs.

Mais ne pas aller à la selle tous les jours ne signifie pas forcément être constipée ! L'important, c'est la régularité et la facilité d'émission des selles. Si celle-ci nécessite un effort de poussée important, si les selles sont dures ou sèches, on parle de constipation. Cela correspond souvent à une fréquence de selles inférieure à trois fois par semaine.

La prise de certains compléments alimentaires couramment prescrits pendant la grossesse, en particulier le fer à haut dosage (Tardyféron®, Timoferol®, Fero-Grad®, Fumafer®, Inofer®, etc.), peut augmenter la constipation. En cas d'intolérance digestive de l'une de ces spécialités, n'hésitez pas à demander à votre praticien·ne référent·e de changer de forme galénique, c'est-à-dire de remplacer les comprimés par des gélules ou par des gouttes, et réciproquement. En effet, le changement de forme galénique peut aider à améliorer la tolérance du système digestif lors de l'absorption du fer.

COMMENT LIMITER LA GÊNE LIÉE AU RALENTISSEMENT DU TRANSIT INTESTINAL ?

Il existe de nombreuses stratégies pour limiter la gêne liée au ralentissement du transit : en fonction des symptômes les plus gênants (ballonnements, constipation, hémorroïdes ou fissure anale), on adaptera son régime alimentaire et il suffira d'intégrer quelques gestes simples dans sa routine quotidienne pour espérer une amélioration. Les traitements médicamenteux s'utilisent plutôt en deuxième intention afin de ne pas risquer de provoquer une « paresse » intestinale qui pourrait être délétère à long terme.

MES ASTUCES POUR LUTTER CONTRE LES BALLONNEMENTS

La sensation de « ventre gonflé » caractéristique des ballonnements est due à l'accumulation de gaz dans l'intestin grêle. Si les causes de ballonnements sont multiples en dehors de la grossesse et que ce phénomène touche plus fréquemment les femmes que les hommes, lorsque l'on est enceinte, c'est notamment l'utérus qui appuie sur les intestins et peut provoquer la création de ces poches de gaz dans l'intestin grêle. Si vous étiez sujette aux ballonnements avant la grossesse, il est possible que vous ayez un côlon « irritable », auquel cas les astuces proposées ci-après ne suffiront pas à vous soulager et il faudra peut-être envisager un régime pauvre en glucides fermentescibles (FODMAP), en suivant les conseils de votre médecin ou de votre sage-femme.

Quelques gestes simples pour limiter les ballonnements :

- évitez les pantalons, jupes et collants qui serrent la taille. Pour savoir si la ceinture de votre vêtement peut vous occasionner des ballonnements, observez la forme de votre ventre : si, au niveau de la ceinture, vous observez un pli cutané, voire un bourrelet, c'est que votre vêtement vous comprime trop. Optez donc pour des vêtements confortables et adaptés au volume de votre abdomen tout au long de votre grossesse ;
- supprimez les boissons gazeuses, en particulier celles qui contiennent du sucre et augmentent la fermentation digestive,

ainsi que les chewing-gums, qui favorisent l'entrée de gaz dans les intestins ;

- pensez à bien mâcher pour « prédigérer » les aliments dès l'étape de la mastication (cela soulagera vos intestins !) ;
- essayez le charbon végétal, dit aussi « charbon actif » : il permet d'absorber le gaz contenu en trop grande quantité dans le tube digestif grâce à sa porosité et à sa faculté à capter les molécules de gaz. Vous le trouverez en pharmacie ou en magasin bio sous forme de poudre, de gélules ou de comprimés ;
- mangez du fenouil ! Plus généralement, toutes les plantes dites « carminatives » sont très appréciables comme alliées pour soulager un transit douloureux : ajoutez dans vos plats des graines de cumin, préparez-vous des tisanes de mélisse, de menthe verte, d'anis étoilé, de cannelle...
- essayez le protocole anticonstipation que je vous recommande juste après : il s'avère également efficace pour diminuer les ballonnements.

UN PROTOCOLE ANTICONSTIPATION

Au réveil, commencez votre journée avec un grand verre d'eau froide.

- Dans un peu d'eau tiède ou chaude, selon votre goût, diluez le jus d'un demi-citron ou de son équivalent en jus de citron pressé acheté en bouteille. Attention : frais ou en jus, prenez toujours du bio car les agrumes font partie des aliments les plus traités ! Le jus de citron pris le matin à jeun permet d'achever la digestion et de dégrader les aliments encore contenus dans l'estomac en favorisant la chasse biliaire depuis la vésicule et le foie vers l'estomac.
- Attendez une quinzaine de minutes avant de prendre votre petit déjeuner.
- Mettez à gonfler deux grosses cuillerées à soupe de graines de lin, de graines de chia ou de psyllium dans de la purée de fruits ou dans du yaourt, ou encore ajoutez-les à votre muesli si vous en consommez le matin, accompagné d'un liquide (lait animal ou végétal). Quel que soit le support choisi, il faut laisser le temps à

ces graines ou au psyllium de libérer leurs mucilages au contact du liquide, qui formera une sorte de gel. Cette texture est précisément ce que l'on recherche, car le gel ainsi formé va permettre de jouer un rôle de lubrifiant et d'aider à ce que le bol alimentaire « glisse » dans les intestins.

- Consommez tous les jours et à chaque repas des aliments riches en fibres : céréales complètes, légumes (à volonté), fruits (pas plus de deux par jour, pour limiter les apports en sucres rapides et limiter la fermentation du fructose contenu dans les fruits).
- Buvez suffisamment : l'apport hydrique contenu dans l'alimentation solide n'est généralement pas suffisant pour combler les besoins en eau de l'organisme et les fibres que vous ingérez ont besoin d'eau pour gonfler et favoriser un volume de selles plus important, qui aidera à lutter contre la constipation. Boire des eaux riches en magnésium peut contribuer à favoriser un meilleur transit intestinal.
- Allez aux toilettes dès que l'envie d'aller à la selle se présente : à bas les complexes, allez-y même si c'est au bureau ou au resto ! Cela limitera les efforts de poussée et donc les risques qui y sont liés, en particulier l'apparition d'hémorroïdes.
- Marchez 20 à 30 minutes par jour : maintenir un exercice physique adapté à la grossesse mais régulier est extrêmement important pour le transit.
- Prévoyez 10 minutes de méditation par jour avec un exercice de respiration de votre choix – vous trouverez de nombreuses propositions d'exercices dans ce livre – et augmentez régulièrement ce temps si vous le pouvez. En effet, le stress augmente les troubles du transit, et le fait de respirer calmement pendant au moins 10 minutes contribuera à abaisser la production d'hormones du stress.
- Vous pouvez également suivre une cure de magnésium (entre 300 et 400 mg par jour) pendant un mois, à renouveler une à deux fois pendant la grossesse et/ou après l'accouchement.

QUE FAIRE EN CAS D'APPARITION D'HÉMORROÏDES OU DE FISSURE ANALE ?

Le gonflement des veines hémorroïdes est un phénomène banal lorsque l'on est enceinte. Mais, malgré la fréquence de cette affection, ce sujet est souvent un tabou et beaucoup de femmes n'en parlent pas à leur praticien·ne référent·e. Pourtant, nous avons toutes et tous des « hémorroïdes » – et fort heureusement d'ailleurs, puisque c'est simplement le nom des veines qui vascularisent la région anale ! En réalité, « avoir des hémorroïdes », c'est ressentir la présence de ces veines, soit parce qu'elles gonflent, soit parce qu'elles saignent, soit parce qu'elles provoquent des douleurs – et parfois ces trois signes sont combinés. Dans le cadre de la grossesse, l'apparition d'hémorroïdes gonflées ou douloureuses est souvent liée à la constipation et à la nécessité de pousser pour évacuer les selles. De la même manière, une fissure anale (une crevasse de la peau au niveau du sphincter anal) peut être engendrée par des efforts de poussée violents et/ou des selles dures.

Dans l'un ou l'autre cas, pas de panique ! Des traitements efficaces existent et permettent de faire passer la crise en quelques jours seulement. Le plus souvent, il s'agit d'une combinaison de suppositoires cicatrisants et anti-inflammatoires et d'une crème analgésique à appliquer localement. Le traitement peut aussi être complété par la prise de comprimés veinotoniques par voie orale. La plupart des traitements sont accessibles sans ordonnance : il suffit de demander conseil à votre pharmacien·ne, qui vous délivrera la spécialité compatible avec la grossesse en fonction de vos symptômes. Si les crises sont rapprochées malgré la mise en place de mesures hygiéno-diététiques adaptées et si les traitements sans ordonnance ne suffisent pas, consultez votre sage-femme ou votre praticien·ne référent·e, qui vous examinera et adaptera votre prise en charge.

TÉMOIGNAGE DE VIRGINE, 36 ANS

> *« Je crois que l'une des choses les plus taboues de la grossesse ou du post-partum, ce sont tous les problèmes liés au périnée – et pour ma part, je crois que ce qui m'a le plus pourri la vie, ce sont les hémorroïdes et tous les problèmes de constipation. Les deux sont liés parce que c'est la constipation qui a été responsable, chez moi, de pas mal de poussées hémorroïdaires dès le deuxième trimestre de ma grossesse. Et cela ne m'a plus lâchée, jusqu'à la rééducation du périnée en réalité. Mais comme c'étaient des*

hémorroïdes internes, cela ne se voyait pas à l'examen clinique, et moi je n'osais pas parler de ces douleurs au niveau de l'anus : je pensais que c'était la constipation et le fait d'avoir des selles dures et de pousser qui me provoquaient ces douleurs, je n'avais jamais eu de poussée hémorroïdaire avant la grossesse, donc je n'avais pas idée qu'on pouvait traiter cela avec des médicaments, et assez facilement au final.

Dans mon cas, je crois vraiment que la rééducation du périnée a contribué à faire diminuer les hémorroïdes. Déjà parce que c'est là que j'ai vraiment pu parler de périnée, et aussi parce que c'est là que cela avait une vraie place dans mes échanges avec ma sage-femme. Et je sais que ce n'est pas lié à elle, parce que c'était la même sage-femme pour les consultations de grossesse et la rééducation : c'est mon positionnement à moi qui a changé, je me suis "détendue", dira-t-on. C'est mon grand regret pendant ma grossesse : ne pas m'être sentie suffisamment à l'aise pour parler vraiment de mes problèmes de constipation et d'hémorroïdes. Et c'est un peu idiot sans doute, d'autant que je me souviens bien que ma sage-femme me demandait chaque mois si je n'avais pas de problèmes digestifs avec la supplémentation en fer : je me souviens qu'elle était vraiment attentive à cela et qu'elle semblait vouloir ouvrir un espace de parole sur ces sujets. Mais c'est moi qui n'arrivais pas à m'en saisir. Ce n'est qu'après l'accouchement, quand j'ai eu une poussée hémorroïdaire avec cette fois des rectorragies [des saignements provenant du rectum], que j'ai pu en parler. C'est parce que cela m'a inquiétée que j'ai enfin pu dépasser mon blocage. Ma sage-femme m'a tout de suite rassurée et m'a dit que ces saignements n'étaient pas graves, qu'ils provenaient des veines hémorroïdes et qu'on allait pouvoir traiter cela rapidement avec crème, suppositoires et quelques petites habitudes à prendre au niveau alimentaire et au niveau de la gestion du transit : marcher beaucoup, aller à la selle à heure fixe même si on n'en a pas envie… Des conseils classiques, je crois.

Mon conseil à toutes les femmes qui liront mon témoignage : osez parler. Osez parler de vos douleurs de périnée, quelles qu'elles soient. Parce qu'il n'y a rien de honteux quand on est dans un cabinet médical. Cela nécessite bien sûr d'avoir une relation de confiance avec sa sage-femme ou son·sa gynécologue, et je sais que parfois cela n'est pas le cas, malheureusement. Je pense aussi que les médecins traitants ont vraiment leur rôle à jouer dans ce genre de situation mais, là aussi, cela dépend beaucoup de la relation qu'on a avec eux… »

AUTRES DOULEURS SPÉCIFIQUES À L'ÉTAT DE GROSSESSE

LES DOULEURS MAMMAIRES

Directement connectée à nos hormones, la poitrine est sujette à des variations de composition, de taille et de forme, en fonction du moment du cycle en dehors de la grossesse et en fonction du terme lorsque l'on est enceinte. Tiraillements, lourdeur, hypersensibilité… Bien que physiologiques, ces sensations peuvent occasionner une gêne importante, et ce dès le début de la grossesse. Petit tour d'horizon des désagréments et douleurs qui peuvent affecter la poitrine avant l'accouchement et des moyens de les atténuer.

TÉMOIGNAGE DE JULIETTE, 33 ANS

> *« Mal aux seins : cela a été l'une des premières manifestations de ma grossesse ! Une tension et une lourdeur pas insupportables, mais désagréables à la longue. Porter une lingerie adaptée (en coton sans armatures) m'a soulagée. Et puis il y avait aussi le plaisir de découvrir les nouveaux reliefs de mon décolleté ! »*

TENSIONS MAMMAIRES

L'un des tout premiers signes de grossesse est la modification des seins sous l'action des hormones (œstrogènes et progestérone), avec l'apparition d'un réseau veineux sous-cutané plus visible et plus développé, ainsi qu'une modification de la coloration du mamelon, qui devient plus foncé. Ce dernier est également plus bombé et les tubercules de Montgomery – sortes de petits

« boutons » qui se trouvent sur l'aréole autour du mamelon – se développent. L'augmentation rapide du volume des seins peut occasionner des tiraillements voire des tensions importantes dans la poitrine, aussi l'utilisation d'un soutien-gorge de taille adaptée et de préférence sans armatures est-elle fortement recommandée afin de limiter la compression de la poitrine tout en assurant un maintien efficace. Certains suggèrent l'utilisation de soutiens-gorge de sport, mais, pour ma part, je les trouve trop compressifs pour être adaptés à la grossesse ; je préfère recommander à mes patientes l'achat de deux soutiens-gorge de grossesse (voire d'allaitement si vous savez déjà que vous voudrez allaiter), quitte à aller en essayer en boutique puis à chercher les modèles qui conviennent dans des circuits de seconde main – dans ce cas, soyez vigilante à l'état des élastiques, mais généralement, ce sont des vêtements qui ont été très peu portés (quelques mois seulement), donc la plupart du temps en excellent état.

Si votre poitrine est douloureuse, essayez d'appliquer du froid, par exemple un gant de toilette que vous aurez au préalable mouillé puis placé au congélateur pour le transformer en compresse froide, en évitant le contact direct de la peau. Pour certaines, ce sera le chaud qui sera bénéfique. Il n'y a pas de mystère : il faut tester pour savoir ce qui marchera le mieux pour vous !

HYPERSENSIBILITÉ CUTANÉE, HYPERSENSIBILITÉ DE L'ARÉOLE ET DU MAMELON

La distension de la poitrine peut occasionner des démangeaisons et des tiraillements au niveau de la peau : dans ce cas, nourrissez la peau de vos seins (aréole et mamelon inclus) avec une huile végétale bio, par exemple de sésame, d'avocat ou d'abricot. Pensez aussi à regarder le pH de votre savon : utilisez un savon à pH adapté (autour de 7), cela limitera les risques d'irritation de la peau.

Par ailleurs, les modifications hormonales de la grossesse peuvent modifier le tact épicritique au niveau de l'aréole et du mamelon, c'est-à-dire la perception nerveuse des différentes stimulations tactiles dans cette zone. En particulier, les frottements et parfois même le simple contact avec du tissu peuvent devenir insupportables : dans ce cas, il faut adapter sa lingerie en choisissant un tissu doux et sans motif ni couture au niveau de l'aréole pour limiter les frottements au maximum. Cette hypersensibilité a tendance à s'atténuer voire à disparaître à partir du deuxième trimestre de la grossesse, une fois que le climat hormonal est stabilisé.

TÉMOIGNAGE D'ESTELLE, 41 ANS

> *« Pendant ma grossesse, j'ai été pas mal troublée par les modifications de mon corps, en tout cas par celles auxquelles je ne m'attendais pas. J'avais un peu cette image naïve du ventre qui grossit et puis c'est tout. Mais, en fait, c'est vraiment tout le corps qui bouge et se transforme –, et, pour moi, cela a commencé par la prise d'un bonnet de soutien-gorge, voire de deux, et cela bien avant que j'aie un ventre qui se voie. C'était assez troublant parce que ç'a été quasi instantané et que je ne m'y attendais pas. Et il n'y a pas que l'aspect ou le volume de mes seins qui ont changé très rapidement, les sensations aussi ont été modifiées. J'ai eu une hypersensibilité de la peau au niveau du mamelon, mais ce n'était pas tant douloureux qu'énervant, irritant. Chaque frottement contre la peau du bout de sein était de l'ordre de l'insupportable, cela me crispait ! Ce qui m'a aidée, c'est de mettre de la crème, celle qu'on recommande pour les femmes qui allaitent. Je ne sais pas si c'est le fait d'hydrater, le fait de faire ces sortes de massages sur le mamelon qui ont aidé à diminuer la sensibilité, ou tout simplement les modifications hormonales de la suite de la grossesse, mais en tout cas, j'ai eu l'impression que cela a bien aidé à diminuer cette hypersensibilité. Je l'ai un peu retrouvée ensuite au moment de l'allaitement, mais juste au début des tétées. Et, au final, comme je n'ai pas pu allaiter très longtemps parce que mon fils ne prenait pas assez de poids, je n'ai pas trop eu à souffrir de cette hypersensibilité passé les premières semaines de grossesse. »*

LES MAUX DE TÊTE : CÉPHALÉES, MIGRAINES ET VERTIGES

CÉPHALÉES ET MIGRAINES

Surtout présents en début de grossesse à cause des perturbations hormonales du premier trimestre, les maux de tête (céphalées) sont caractérisés par une douleur modérée et diffuse dans l'ensemble du crâne : c'est ce qui les différencie de la migraine, qui ne touche qu'un côté de la tête, avec une douleur pulsatile (comme des à-coups de douleur), intense, accompagnée de nausées voire de vomissements, et provoquant une intolérance au bruit, à la lumière et parfois à certaines odeurs.

Lorsque l'on est migraineuse en dehors de la grossesse, pour un tiers des femmes, le climat hormonal permettra une diminution significative de ces migraines, tandis que, pour un tiers d'entre elles, elles s'aggraveront ; enfin, le dernier tiers ne constatera pas de modification de la fréquence ou de l'intensité des crises. C'est donc une loterie d'où on ne peut pas prédire si l'on ressortira gagnante ou pas... De plus, il arrive que des femmes qui n'étaient pas sujettes aux maux de tête se plaignent de céphalées pendant la grossesse. Que faire alors que la plupart des médicaments efficaces dans ce type de situation sont contre indiqués pendant la grossesse – l'ibuprofène par exemple, à l'instar de tous les anti-inflammatoires non stéroïdiens, qui sont strictement interdits à partir du sixième mois ? Plusieurs cas de figure se présentent : si vous êtes déjà suivie par un neurologue pour des migraines ou des céphalées récurrentes, il adaptera le traitement pendant la grossesse en fonction de votre symptomatologie. En revanche, si les maux de tête sont apparus depuis que vous êtes enceinte, vous pouvez mettre en place certains réflexes qui pourront aider à diminuer l'intensité des crises.

ATTENTION

Les maux de tête peuvent être le symptôme d'une affection plus grave telle que l'hypertension gravidique ou la pré-éclampsie, en particulier s'ils apparaissent en fin de grossesse et s'ils sont associés à d'autres signes comme les phosphènes (des « mouches lumineuses » devant les yeux) ou les acouphènes (sensation d'oreilles bouchées ou de sifflements), ou encore une prise de poids brutale par de la rétention d'eau (plusieurs kilos en quelques jours). Ces symptômes doivent impérativement vous alerter et vous faire consulter aux urgences de la maternité. S'ils sont associés à de la fièvre, vous devez également consulter aux urgences sans tarder.

Si vous souffrez de maux de tête isolés et transitoires, essayez dans un premier temps de repérer les situations où ceux-ci se produisent : est-ce parce que vous n'avez pas mangé ou bu d'eau depuis longtemps ? Plutôt en fin de journée, si vous avez mal dormi, ou plus généralement lorsque vous ressentez de la fatigue ? Est-ce lorsque vous êtes exposée à des atmosphères bruyantes et surchauffées (transports en commun, magasins...) ? Une fois les situations problématiques identifiées, essayez de les éviter lorsque c'est possible – en particulier, l'hypoglycémie et la déshydratation peuvent être prévenues en buvant et en mangeant régulièrement –, ou d'anticiper ces situations – prévoyez un moment pour faire une sieste en journée, limitez l'usage des transports en commun, évitez les magasins bondés et les atmosphères confinées.

Il est possible de vous procurer en pharmacie une poche de gel que l'on aura placée au préalable dans le congélateur, à appliquer sur les yeux ou la tête lorsque le mal de tête se déclare. Le froid en application locale a en effet une action apaisante. Si vous le pouvez, sortez respirer l'air frais et marchez lentement en respirant profondément : cela abaissera votre niveau de stress et, bien souvent, la douleur s'en retrouvera elle aussi diminuée.

Si vos maux de tête sont récurrents, vous pouvez consulter des professionnel·le·s de santé formé·e·s à l'acupuncture : cette médecine complémentaire montre de bons résultats sur la prise en charge de la douleur en général. Enfin, le yoga, la méditation et les exercices de respiration au quotidien demeurent extrêmement bénéfiques pour abaisser le niveau de stress, qui fait lui aussi partie des facteurs déclencheurs des maux de tête. Enfin, si l'automédication n'est jamais recommandée pendant la grossesse, il vous est néanmoins possible de prendre un gramme de paracétamol dès le début de la sensation douloureuse, en particulier si vous avez eu l'expérience de crises précédentes. Plus le paracétamol est pris tôt et plus il sera efficace. Ne dépassez pas trois grammes par jour ! De manière générale, en cas de doute sur une prise médicamenteuse, consultez le site de référence en matière de médication pendant la grossesse : le Crat (Centre de référence sur les agents tératogènes, www.lecrat.fr).

TÉMOIGNAGE DE MARLÈNE, 30 ANS

« Je suis migraineuse depuis mon adolescence, mais j'ai la chance d'avoir un père neurologue spécialiste des migraines (on a un terrain familial, tout le monde est migraineux !). Il m'a tout de suite bien prise en charge, et je sais que, dans mon cas, c'est lié aux hormones. En dehors de la grossesse, j'ai des migraines quasi à chaque début de cycle si je ne fais pas très attention à mon hygiène de vie dans cette période-là. Pendant la grossesse de ma fille, j'ai commencé à avoir des migraines assez intenses dès le premier mois. C'était vraiment pénible parce que je ne pouvais pas prendre mon traitement habituel. Il a fallu que j'adapte mon hygiène de vie encore plus que d'habitude parce que là, me passer d'alcool et me coucher à heure régulière n'a pas suffi à éviter les crises. Sur les conseils de mon père, j'ai fait du sport : je suis allée à la piscine et j'ai fait beaucoup de vélo, et cela m'a aidée à faire diminuer la fréquence des crises de manière assez efficace. »

VERTIGES ORTHOSTATIQUES (« TÊTE QUI TOURNE »)

Avec la grossesse, le volume sanguin contenu dans les veines et les artères est fortement augmenté : il passe d'environ trois litres à près de cinq litres en l'espace de quelques mois. Cette augmentation a pour principal intérêt d'améliorer les échanges de nutriments et d'oxygène avec le fœtus et de limiter la perte de globules rouges au moment de l'accouchement, car le sang est alors plus « dilué ». Mais cette augmentation brutale du volume sanguin a souvent pour conséquence un essoufflement à l'effort, essentiellement au premier trimestre de la grossesse, et peut également occasionner des vertiges orthostatiques (sensation de « tête qui tourne »), en particulier aux changements de position : la verticalisation – que ce soit le passage d'allongée à assise ou d'assise à debout – demande un effort supplémentaire au muscle cardiaque pour envoyer le sang au cerveau « vers le haut » et un court instant de légère hypoperfusion cérébrale peut provoquer des vertiges. Si ces vertiges ne sont pas une sensation douloureuse, ils peuvent néanmoins surprendre et inquiéter – à tort, car ils sont tout à fait bénins. Ils peuvent également occasionner des chutes s'ils provoquent une perte de connaissance (évanouissement).

Comment limiter l'apparition de ces vertiges ? Si vous y êtes sujette, il faut être vigilante à prendre votre temps à chaque changement de position. En particulier, si vous vous levez de votre lit, prenez quelques secondes assise, regardez bien droit devant vous et, lorsque vous vous sentez bien, levez-vous en vous tenant au mur, par exemple. Faites quelques pas et, si la tête ne tourne pas, c'est gagné pour cette fois ! Pensez également à bien respirer pour oxygéner votre cerveau et aider à ralentir votre rythme cardiaque. Par ailleurs, il vous faudra éviter les douches ou les bains trop chauds car ils provoquent une vasodilatation importante, ce qui empêche aussi une bonne perfusion cérébrale au moment du changement de position.

TÉMOIGNAGE DE DELPHINE, 34 ANS

> *« J'ai toujours été sujette aux baisses de tension, j'ai une tension naturellement basse et, depuis quelques années, je suis sous traitement bêta-bloquant pour une tachycardie qu'on m'a diagnostiquée à la suite d'un malaise après une séance de sport un peu intense. Le début de ma grossesse a été difficile pour moi à cause de ces baisses de tension, j'ai fait plusieurs malaises dans les transports. La chaleur et le monde n'aidaient pas ! Comme on ne pouvait pas baisser mon traitement bêta-bloquant, j'ai dû être arrêtée à deux reprises pendant les trois premiers mois parce que, malgré les grosses nuits et même les siestes que je pouvais faire au travail (je suis chanceuse pour ça !), je n'arrivais pas à tenir physiquement. Cela s'est amélioré spontanément il y a quelques semaines, maintenant cela va très bien, et j'espère que cela va continuer jusqu'à l'accouchement ! »*

LES DOULEURS VASCULAIRES : JAMBES LOURDES, VARICES DES MEMBRES INFÉRIEURS ET VARICES VULVAIRES

Les hormones de grossesse ont la propriété de contribuer à la rétention d'eau, en particulier au niveau des membres inférieurs, ce qui peut provoquer une sensation de « jambes lourdes », des œdèmes au niveau des jambes et des pieds – la jambe droite est d'ailleurs plus souvent gonflée que la gauche en raison de l'appui de l'utérus plus important à droite, sur le tronc veineux qui ramène le sang depuis les membres inférieurs vers le cœur. De plus, les hormones ont tendance à ramollir le tonus des petits clapets qui se situent à l'intérieur des veines et qui empêchent normalement le sang de « repartir » vers le bas du corps. La combinaison de ces différents facteurs entraîne chez beaucoup de femmes enceintes des troubles de la circulation veineuse qui peuvent s'exprimer de différentes manières. En effet, des sensations désagréables, type fourmillements ou lourdeur dans les jambes, ou bien des douleurs dans les mollets sont imputables à un mauvais retour veineux : le sang et la lymphe stagnent dans le bas du corps et provoquent gêne, douleurs, gonflement. Des varicosités ou des varices peuvent apparaître au niveau des jambes. Souvent localisées au niveau des zones de compression, en particulier à l'arrière des genoux, les varicosités sont des petits vaisseaux sanguins violacés très fins localisés à la surface de la peau et témoignent d'un premier stade de trouble de la circulation sanguine. En effet, s'ils sont visibles, c'est que ces vaisseaux ont pris le relais des veines profondes, qui n'assurent pas entièrement leur rôle dans le retour veineux du sang. La présence de varicosités est cependant banale et ne présente pas de risque particulier. Néanmoins, en tant qu'indicateur d'un retour veineux insuffisant au niveau des vaisseaux profonds, même en l'absence de symptomatologie douloureuse, il est conseillé de mettre en place quelques mesures qui aideront à améliorer la circulation sanguine.

MES CONSEILS POUR AMÉLIORER LE RETOUR VEINEUX

Le remède le plus efficace – et de loin ! – contre une circulation veineuse paresseuse est sans conteste les bas ou les collants de contention de classe II (la classe I est trop faible et la classe III est réservée aux personnes ayant des antécédents ou étant à risque très élevé de faire un accident thromboembolique). Il existe des collants de contention spécialement adaptés aux femmes enceintes, avec un élastique beaucoup plus large à la taille. Je déconseille en revanche à mes patientes l'usage des chaussettes de contention, qui ont tendance à « scier » l'arrière du mollet et donc à favoriser le développement de varicosités dans cette zone. De plus, les veines des cuisses ont aussi besoin d'être aidées, donc plus la contention remonte haut et mieux c'est ! Il existe aujourd'hui une grande variété de collants et de bas de contention, et certaines marques ont été attentives à proposer des modèles très esthétiques, avec un large choix de coloris pour s'adapter à toutes vos tenues. De plus, la Sécurité sociale prend en charge une partie du prix des bas, voire la totalité pour certaines marques. Et même si ces collants tiennent un peu chaud en été, le soulagement qu'ils apportent est tellement plus grand que l'inconvénient causé qu'ils méritent toujours d'être l'allié numéro un contre les jambes lourdes et gonflées !

Beaucoup d'autres petites astuces peuvent apporter un bon complément aux bas et collants de contention :

- dormez avec les jambes légèrement surélevées : glissez sous votre matelas une couverture pliée ou des coussins afin de le surélever au niveau de vos mollets. Cela aidera mécaniquement les veines à faire le travail, par la seule aide de la gravité ;
- passez vos jambes sous l'eau froide à la fin de votre douche, cela tonifiera vos veines par le phénomène de vasoconstriction provoqué par le contact avec le froid. Plus généralement, retenez que le froid est votre ami et le chaud votre ennemi ;
- massez vos jambes – ou encore mieux, faites-vous masser ! – en partant des chevilles, en appuyant avec le pouce à l'intérieur du tibia et en remontant vers le genou puis le long de la cuisse. Répétez ce geste plusieurs fois : il permettra au sang et à la lymphe de mieux circuler. Attention, on évite les produits qui contiennent du menthol (en particulier l'huile essentielle de menthe poivrée) : pourtant très appréciables car provoquant un effet « froid », les produits à forte concentration de menthol ne sont pas recommandés pendant la grossesse ;
- évitez dans la mesure du possible de piétiner ou de rester en position debout ou assise statique, ainsi que les zones avec chauffage au sol. Pensez à marcher régulièrement au cours de votre journée afin de contribuer au retour veineux. En effet, « l'écrasement » de la voûte plantaire contre le sol est ce qui permet de faire remonter le sang vers le haut de la jambe, donc plus vous marchez et plus votre circulation sanguine est stimulée ;
- si la stase veineuse est toujours importante malgré les bas de contention, une visite chez le podologue peut s'avérer très utile. Votre praticien·ne en charge de votre suivi obstétrical pourra vous prescrire un bilan et des semelles orthopédiques qui peuvent contribuer à améliorer le retour veineux ;
- quelques plantes peuvent aider à la circulation sanguine, en particulier la vigne rouge en infusion. Des extraits de plantes très riches en flavonoïdes sont vendus en pharmacie sous forme de comprimés (type Daphlon® ou générique équivalent) et peuvent vous être prescrits par votre sage-femme ou votre médecin.

Un stade d'insuffisance veineuse plus avancé se traduit par la présence de varices au niveau des jambes ou du pubis. En effet, pendant la grossesse, avec le poids de l'utérus, les femmes sont susceptibles de développer des varices vulvaires, qui peuvent être douloureuses et sont souvent mal vécues par les patientes à cause du désagrément esthétique qu'elles engendrent. Quelle que soit la localisation des varices, le traitement sera avant tout et encore une fois le port de bas ou de collants de contention au quotidien, en plus des mesures préventives complémentaires listées ci-dessus. La plupart du temps, l'état veineux s'améliore très nettement après l'accouchement et très rares sont les cas qui nécessitent une prise en charge médicamenteuse antithromobotique ou une chirurgie pendant la grossesse. Dans tous les cas, une réévaluation de l'état veineux en post-partum immédiat puis à distance de l'accouchement est indispensable en raison des risques de phlébite accrus dans les semaines qui suivent l'accouchement.

TÉMOIGNAGE DE LOUISE, 29 ANS

« De base, j'ai une mauvaise circulation sanguine : j'ai les extrémités (pieds et mains) froides depuis toujours, je tolère mal le froid en hiver et l'été je gonfle, mes jambes peuvent parfois doubler de volume ou presque si je ne fais pas attention. Donc j'ai l'habitude de porter des chaussures type Birkenstock® l'été pour avoir une semelle épaisse et ne jamais être totalement sur du plat, je me passe des douches froides le matin et le soir sur les jambes quand il fait chaud, je dors avec les pieds surélevés… Bref, je faisais déjà ce que je pouvais pour améliorer le retour veineux de manière mécanique. Pendant la grossesse, il a fallu que je fasse cela, mais pas seulement en été : j'ai dû remettre en place toutes ces petites habitudes pendant des mois et des mois, et je dois dire que c'était long ! Ce qui soulage le mieux – et de loin –, ce sont clairement les collants de contention. Au début, mon gynéco m'avait prescrit des bas de contention, mais j'ai fait une réaction allergique au niveau des élastiques donc j'ai demandé des collants. Je pensais que cela serait plus contraignant que cela, mais au final, le gain en confort et même esthétique a été tellement flagrant que je ne me posais même pas la question le matin, c'était mon premier réflexe avant même de sortir du lit : enfiler mes collants de contention ! C'est devenu un tel rituel qu'on en a ri avec mon conjoint et qu'on appelait cela mon costume de Wonder Woman : jamais sans mes collants ! »

LE SYNDROME DU CANAL CARPIEN

On l'a vu dans la section précédente : pendant la grossesse, le corps emmagasine plus d'eau qu'à l'accoutumée sous l'influence des hormones (encore et toujours elles !). Le plus souvent localisée dans les membres inférieurs, cette rétention d'eau dans les tissus peut se localiser aussi au niveau des membres supérieurs et parfois provoquer un syndrome du canal carpien, c'est-à-dire une perte de sensibilité ou des fourmillements dans les mains, avec parfois une perte partielle ou totale du contrôle de la mobilité du pouce. Ces symptômes sont liés à la compression du nerf médian, qui chemine dans une sorte de gouttière au niveau du poignet : le canal carpien. Unilatéral ou bilatéral, ce syndrome cesse après la grossesse mais peut s'avérer handicapant lorsqu'il est prononcé, en particulier pour les personnes qui tapent à l'ordinateur ou ont un métier manuel de précision (artisanat, chirurgie, dessin, etc.).

Selon le degré de gêne, différentes stratégies peuvent être mises en place :

- maintenez vos poignets au chaud en portant des mitaines ou des poignets de tennis ;
- si vous travaillez sur ordinateur, aménagez votre poste de travail pour augmenter votre confort, notamment avec l'utilisation de coussins repose-poignets et en adaptant la hauteur de votre siège afin que vos coudes forment un angle droit (avant-bras à 90 degrés par rapport à votre buste), et veillez à ce que vos mains soient dans le prolongement de vos avant-bras ;
- une séance avec un·e ostéopathe ou un·e chiropracteur·trice, ou encore des séances de kinésithérapie peuvent vous être prescrites par votre praticien·ne référent·e ;
- l'application d'un gel d'arnica sur le poignet douloureux apporte de bons résultats chez les patientes souffrant d'un syndrome faible à modéré ;
- le port d'une attelle peut également être préconisé et prescrit par le ou la professionnel·le médical·e qui assure votre suivi.

L'injection de corticoïdes au niveau du poignet est réservée aux formes les plus invalidantes du syndrome et est réalisée en l'absence d'amélioration après la mise en œuvre des différentes méthodes de traitement non invasif.

TÉMOIGNAGE D'AMÉLIE, 33 ANS

« Je suis musicienne et j'ai un kyste synovial au niveau de l'articulation entre le poignet et la main qui est dû aux frottements et à la position de la main quand je joue de mon instrument. J'ai longtemps essayé de modifier la position du poignet pour limiter l'expansion du kyste, mais il y a les contraintes de l'instrument qui font que ce n'est pas vraiment possible de supprimer complètement le mouvement de "cassure" du poignet. Pendant ma grossesse, j'ai eu un syndrome du canal carpien, qui a sans doute été provoqué par ces positions contraintes et un peu "antinaturelles" liées au port de l'instrument. Alors que le kyste ne m'a jamais fait mal, là c'était nouveau d'avoir des douleurs et cela m'a handicapée au point de ne plus pouvoir jouer de mon instrument – j'ai dû suspendre mon travail à l'Opéra. On m'a tout de suite proposé des injections de cortisone – je pense que c'est parce que cela m'empêchait de travailler qu'on m'a d'emblée proposé ce traitement, sinon je pense que c'est dans des formes plus graves que c'est préconisé (cela ne m'empêchait pas de dormir la nuit, par exemple). J'ai eu pas mal de séances de kiné et d'ostéo qui ont aussi aidé à retrouver du confort et de la mobilité. J'ai pu reprendre la musique, mais c'est resté toujours assez sensible et c'est seulement après l'accouchement et une fois que j'ai "dégonflé" de toute la rétention d'eau de la grossesse que la gêne a totalement disparu. »

LES CONSEILS DE NATHALIE, SAGE-FEMME ET PROFESSEURE DE YOGA

« Certaines postures de yoga peuvent contribuer à diminuer le syndrome du canal carpien en favorisant la mobilité et la souplesse des poignets, tout en augmentant le drainage des fluides dans cette zone. Voici différentes postures à pratiquer deux à trois fois par semaine minimum, en variant les exercices :

- assise en tailleur ou sur une chaise en veillant à garder le dos droit, tendez le bras droit devant vous et relevez votre main vers le haut, paume en face de vous (« parle à ma main »). Placez votre main gauche contre la paume de votre main droite et tirez délicatement vers vous. Maintenez cette position une dizaine de secondes, puis relâchez. Recommencez de l'autre côté ;
- le bras droit tendu devant vous, orientez votre main droite avec les doigts vers le bas, paume face à vous. Tirez doucement votre main droite avec votre main gauche vers vous. Maintenez cette

position une dizaine de secondes, puis relâchez. Recommencez de l'autre côté ;
- toujours le bras tendu devant vous, fermez le poing de la main droite et abaissez-le doucement avec l'aide de votre main gauche. Maintenez cette position une dizaine de secondes, puis relâchez. Recommencez de l'autre côté ;
- assise en tailleur ou sur une chaise, placez les paumes des mains l'une contre l'autre au niveau du plexus solaire en levant les coudes afin qu'un angle de 90 degrés soit formé entre vos avant-bras et vos mains. Pressez fortement pendant dix secondes puis relâchez ;
- installée à quatre pattes, les genoux placés sous les hanches et les poignets sous les épaules, retournez vos mains de façon à les faire pointer vers vos genoux. Vous pouvez avancer légèrement vos mains vers l'avant pour augmenter la flexion du poignet.

Vous pouvez également vous masser l'intérieur des poignets avec le pouce de la main opposée, et ouvrir/fermer les doigts plusieurs fois pour relâcher les tensions accumulées dans les muscles et les tendons des mains. »

L'INCONFORT CUTANÉ

Les modifications hormonales de la grossesse peuvent avoir des conséquences dermatologiques bénignes et néanmoins gênantes. En particulier, la sécheresse cutanée peut provoquer des démangeaisons ou des sensations de tiraillement inconfortables au niveau des jambes, des bras ou du buste. Il est donc particulièrement important de préserver le film hydrolipidique de la peau :

- en buvant suffisamment : au moins un litre d'eau ou de tisane par jour, en plus des apports en eau issus de l'alimentation ;
- en se protégeant des agressions thermiques et des rayonnements UV ;

- en nourrissant l'épiderme avec une huile végétale bio type sésame, avocat ou abricot (d'autres huiles fines type argan ou jojoba sont particulièrement intéressantes pour les peaux sèches, mais sont plus onéreuses) ;
- en ne se savonnant pas l'entièreté du corps tous les jours, le savon ayant un effet « décapant » sur l'épiderme et favorisant la sécheresse cutanée. Seules les zones à forte pullulation microbienne sont à laver quotidiennement (aisselles, zone génito-anale, pieds), le reste du corps n'a pas besoin d'être savonné chaque jour.

TÉMOIGNAGE DE MARIE, 35 ANS

« Je n'ai pas eu beaucoup de chance pendant la grossesse : je n'ai pas fait partie de ces femmes terriblement épanouies et qui peuvent s'exhiber avec leur beau ventre bien rebondi. Déjà, moi, j'ai un surpoids, donc je n'ai jamais eu ce joli ventre, et en plus j'ai payé cher mon ventre pas si bien dessiné que cela : j'ai eu des vergetures qui sont apparues vers le sixième mois de grossesse. À peu près à la même période, j'ai commencé à me gratter sur le torse (poitrine et ventre) et les jambes. Cela ne m'a pas particulièrement inquiétée – en tout cas pas sur le plan de ma santé, même si j'ai appris que cela pouvait être le signe d'une maladie grave de la grossesse –, en revanche, j'ai voulu trouver des témoignages et des conseils pour limiter le désastre. Du coup, j'ai épluché les forums Internet et alors… j'ai vraiment trouvé de tout ! Depuis "Mettez simplement de la crème Nivea" jusqu'à "Moi, contre les vergetures, j'ai utilisé uniquement de l'huile de castor unijambiste chassé les soirs de pleine lune"… Donc cela m'a moyennement aidée à faire un choix – j'ai juste compris qu'il ne devait y avoir aucune solution miracle pour éviter les vergetures. Par contre, pour les démangeaisons, j'ai trouvé plus de choses. Et j'ai compris qu'elles étaient liées à la distension progressive de la peau : ça va avec les vergetures, en quelque sorte. C'est le combo gagnant ! »

ATTENTION

Si vous ressentez des démangeaisons localisées, notamment au niveau de la paume des mains ou de la plante des pieds, et/ou de plus forte intensité le soir ou la nuit, et si elles sont associées à d'autres signes, il faut écarter une cause pathologique du prurit, en particulier la cholestase gravidique, qui peut apparaître à la fin du deuxième trimestre de grossesse ou au cours du troisième trimestre. Parlez-en à votre praticien·ne de référence, qui pourra établir un diagnostic en fonction de votre symptomatologie.

SOULAGER LA DOULEUR DE L'ACCOUCHEMENT

Se préparer physiquement et mentalement

Vous êtes enceinte, c'est votre première grossesse et vous n'avez absolument aucune idée de ce à quoi ressemble la sensation des contractions. Vous vous demandez si vous allez les reconnaître quand vous en aurez et vous avez peut-être peur de ne pas partir assez rapidement à la maternité et de vous mettre à accoucher chez vous, dans la voiture, le taxi ou les transports en commun... Si vous vous posez toutes ces questions : 1. c'est normal et 2. pas de panique ! Ces inquiétudes traversent l'esprit de toutes les futures mères et nous allons prendre le temps ensemble d'examiner pas à pas ce qui vous attend le jour J.

Mais avant de parler de l'accouchement, il faut d'abord s'intéresser à tout ce qui se passe avant d'accoucher : que faire quand on attend qu'il se passe quelque chose et que rien ne vient ? Au contraire, comment fait-on face à un événement qui arrive brutalement, sans prévenir ? Comment faire le tri entre les fausses alertes et la « vraie » mise en travail ? Ici, on passe en revue toutes les configurations possibles, et surtout la manière de gérer le stress et la douleur dans chaque situation. Suivez le guide !

LES RAISONS DE LA DOULEUR

« MAIS LA DOULEUR... C'EST QUOI, AU JUSTE ? »

Voilà une question qui pourrait paraître naïve mais qui est pourtant essentielle : comprendre ce qu'est la douleur fait intrinsèquement partie des mécanismes qui permettent d'en diminuer les effets. C'est pourquoi, avant de voir en détail toutes les techniques corporelles qui peuvent être mises en œuvre pour lutter contre la douleur, un petit détour par des explications anatomo-physiologiques s'impose.

TÉMOIGNAGE D'ANNE-GAËLLE, 36 ANS

« Pour moi, ce qui a été fondamental lors de mes deux accouchements, c'était de comprendre la différence entre douleur et souffrance, et de comprendre la physiologie d'une part et les risques de réactions en cascade dès qu'il y a intervention médicale d'autre part. Par exemple, s'il y a un déclenchement, il entraîne une péridurale car les contractions trop fortes peuvent entraîner une naissance instrumentale et une épisiotomie si la péridurale est trop dosée et qu'on ne sent plus rien, qui fait que l'on pousse mal et qu'on n'a pas de liberté de mouvement, etc. D'ailleurs, il y a sur YouTube une super vidéo italienne qui fait un parallèle entre faire l'amour et accoucher, qui est très marrante et très parlante pour tout cela ! »

PAROLE D'EXPERTE : CAROLINE, SAGE-FEMME EN MATERNITÉ DEPUIS DIX ANS

« La première chose que j'explique à mes patientes en préparation à la naissance, c'est la façon dont fonctionne la douleur. Le simple fait d'expliquer le fonctionnement de ce stimulus nerveux permet de l'ancrer dans une matérialité et de faire le lien entre corps, émotion et sensation. Une fois que l'on a compris ce qu'est vraiment la douleur, c'est-à-dire ce drôle de mélange d'une réaction à la fois sensorielle et émotionnelle, on peut la faire sienne, l'apprivoiser, et donc ne plus en avoir peur. »

» Physiologie de la douleur

La perception de la douleur – la nociception – est un phénomène sensoriel et émotionnel qui est lié à une activité nerveuse et cérébrale, sous l'effet d'une stimulation d'origine nociceptive (un récepteur nerveux est enclenché pour alerter sur une potentielle mise en danger du corps), neurogène (le nerf lui-même génère la douleur, comme dans le cas des « membres fantômes » des amputés) ou psychogène (douleur déclenchée par le psychisme, comme dans le cas de la somatisation). Dans le cas des douleurs ressenties à l'accouchement, il s'agit le plus souvent de douleurs nociceptives : elles sont une sorte de « signal d'alarme » du corps au niveau d'une zone où l'intégrité physique pourrait être (ou est déjà) atteinte, ce qui a pour but d'inciter l'individu qui ressent cette douleur à protéger la partie douloureuse de son corps.

La douleur se caractérise également par le fait qu'elle est éprouvée à des degrés variables : c'est un ressenti qui est non seulement strictement individuel – à un même stimulus douloureux, les réactions seront éminemment différentes selon les personnes, mais aussi contextuel : si l'on est fatigué, on est susceptible de ressentir la douleur de manière beaucoup plus intense que si on est en pleine forme à stimulus équivalent ; *idem* si l'on est stressé, déprimé, nerveux, etc. D'où l'importance d'un environnement serein, sécurisant et reposant pour vivre au mieux les douleurs de l'accouchement !

« POURQUOI ACCOUCHER, ÇA FAIT MAL ? »

Dans le cas de l'accouchement, les douleurs ont plusieurs origines :

- une origine musculaire : lorsque l'on fait des pompes ou des abdominaux, la sollicitation répétée des muscles provoque une fatigue musculaire, et avec elle une douleur. N'oublions jamais que l'utérus est un grand muscle, très puissant. Donc, lorsqu'il se contracte vingt fois, cent fois, cinq cents fois, imaginez la douleur que vous ressentiriez dans le dos, le torse et les bras si vous faisiez cinq cents pompes ou séries d'abdominaux sans vous arrêter !
- une origine osseuse, ligamentaire et tissulaire, liée à la compression provoquée par les contractions utérines. Lorsque l'utérus se contracte, il comprime non seulement la poche amniotique contenant le bébé, mais il provoque également des pressions intenses sur l'ensemble des organes, tissus mous, ligaments et os de la région abdomino-pelvienne ;
- une origine psychogène : les douleurs nociceptives liées à l'activité musculaire et aux fortes pressions exercées sur la zone abdomino-pelvienne génèrent fatigue et anxiété, qui viennent renforcer la sensation douloureuse.

Pour diminuer la sensation douloureuse, il existe un grand principe : détourner le cerveau de l'information douloureuse qu'il reçoit. Nous avons toutes et tous fait l'expérience un jour de nous cogner le petit doigt de pied contre la table, et le réflexe commun à tout le monde – outre les insultes à la table incriminée ! – est de se frotter le pied là où ça fait mal. Pourquoi ce réflexe ? En stimulant d'autres récepteurs nerveux – en l'occurrence, les mécanorécepteurs, qui se situent au niveau de la peau et captent les différences de pression, de vibration et de chaleur –, on engendre une sorte d'« embouteillage » au niveau du cerveau parce que celui-ci doit traiter l'information de la douleur, mais aussi de la pression, de la vibration et de la chaleur. Résultat : le cerveau donne moins de place à l'information « douleur » pour enregistrer aussi les informations « pression », « vibration » et « chaleur ». C'est ce principe de multiplication des informations sensorielles envoyées au cerveau qui est à la base de beaucoup de pratiques corporelles de lutte contre la douleur de l'accouchement.

En outre, nous l'avons vu, l'une des composantes de la douleur est l'anxiété : savoir à l'avance à quelles sensations nouvelles le corps sera soumis et comprendre comment et pourquoi ces sensations apparaissent est un facteur important pour diminuer le stress lié à l'accouchement, donc la douleur. C'est pourquoi nous commençons notre voyage à travers les méthodes de gestion de la douleur par quelques explications sur le processus de l'accouchement (tordons le cou aux idées reçues !) ; puis chaque technique sera expliquée pas à pas afin de vous donner l'aperçu le plus complet possible de l'outillage à votre disposition pour vivre au mieux ce moment unique.

COMPRENDRE LE PROCESSUS DE L'ACCOUCHEMENT : UN PEU DE PHYSIOLOGIE ET DE MÉCANIQUE OBSTÉTRICALE

Pour se familiariser avec les sensations de l'accouchement, quelques notions sur le fonctionnement du corps en train de se préparer à mettre un nouveau-né au monde sont indispensables afin de visualiser les événements internes d'une part et de se les approprier d'autre part, et ainsi de ne pas subir passivement le moment que l'on est en train de vivre mais de se positionner comme actrice de premier plan dans cette aventure. Cette mise à plat des événements qui scandent le processus de la mise au monde n'est pas un détour, mais au contraire une base nécessaire afin d'écarter tous les malentendus véhiculés par les présupposés et les idées reçues autour de l'accouchement. En effet, malgré la récente multiplication d'émissions de téléréalité sur les salles de naissance et la vie dans les maternités, l'imaginaire véhiculé en particulier par l'industrie du cinéma vient interférer avec la réalité de la mise au monde, et cette dernière est pourtant bien loin des scénarios d'Hollywood… pour le pire comme pour le meilleur !

HOLLYWOOD ET LA MISE EN SCÈNE DE LA NAISSANCE

Hollywood, avec toutes ces scènes d'accouchement que l'on a vues et revues dans ses films, ne nous aide pas vraiment à nous sortir de la tête cette représentation « instantanée » de la mise au monde. En règle générale, ces scènes sont constituées d'un enchaînement de trois plans-séquences : la femme enceinte perd subitement les eaux dans la rue en même temps qu'elle ressent une très forte douleur ; l'instant suivant, elle appelle un taxi qui l'amène à la maternité ; la demi-seconde suivante, elle est sur un lit d'hôpital, les quatre fers en l'air, suante, écarlate et hurlante, poussant comme une damnée. Bouquet final : le chérubin – d'environ déjà 6 mois, rose bonbon et propre comme un sou neuf – lui atterrit dans les bras tandis qu'elle pleure à chaudes larmes. Le tout en moins de deux minutes montre en main, emballez c'est pesé.

Tout cela est loin, bien loin de la réalité ! Bien que tout le monde sache qu'il s'agit d'un condensé, ce séquençage de l'accouchement reste dans nos imaginaires, tandis que la réalité est beaucoup plus floue, hésitante voire incertaine. Certes, la coupure nette des plans cinématographiques répond à des exigences narratives de scénario, et plus profondément sans doute à notre besoin de chronologie et d'organisation des événements en une succession claire d'étapes. Mais la réalité d'une mise au monde est bien plus proche d'un tuilage indistinct de sensations et d'émotions, où tout s'entremêle à la manière d'un millefeuille dont on peine à identifier chaque couche tant elles sont intimement liées les unes aux autres.

L'ACCOUCHEMENT : UN PROCESSUS BIEN PLUS LONG QU'IL N'Y PARAÎT

» Depuis la préparation progressive du corps à l'accouchement jusqu'à la naissance

La médecine a tendance à décrire l'accouchement comme un moment T, borné par un début – qui correspond souvent à l'arrivée à la maternité et/ou la perte des eaux – et une fin, la naissance puis la sortie du placenta. En réalité, mettre un enfant au monde est un processus long, qui se prépare au cours des dernières semaines de grossesse, d'abord lentement et discrètement. Puis ce processus connaît une première phase d'accélération, plus ou moins brusque selon les femmes : c'est le moment de la mise en travail, souvent appelée « prétravail » ou « phase de latence ». Puis, au bout de plusieurs heures à plusieurs jours, une deuxième phase d'accélération se produit, à un niveau d'intensité extrême : c'est la phase du processus que l'on nomme en médecine la « phase active du travail », où le col de l'utérus se dilate entièrement pour laisser le fœtus descendre dans le bassin vers la « sortie ». Cette phase d'activité de très haute intensité s'achève avec la naissance de l'enfant, suivie de la délivrance – la sortie du placenta étant considérée par la médecine comme l'étape de clôture de l'accouchement. En me fondant sur le vécu des femmes, j'inclurais aussi volontiers dans l'accouchement l'étape de la suture de l'éventuelle déchirure – l'épisiotomie –, qui représente également, symboliquement, le moment où l'on « referme » la porte après le passage de l'enfant.

Mettre un enfant au monde prend donc du temps et il n'est pas si évident de poser des bornes temporelles aux différentes étapes qui jalonnent ce processus, car celles-ci peuvent se superposer ou au contraire être disjointes. On peut tout de même schématiser approximativement un accouchement selon cette séquence type « en entonnoir » :

- Dans le dernier mois de grossesse, préparation du corps à l'accouchement, avec contractions irrégulières et de faible intensité (durée : une à quatre semaines), et éventuellement fausses alertes, dites « faux travail » (durée d'un épisode : trente minutes à plusieurs heures).
- Première étape du travail : prétravail, ou phase de latence, qui comprend des contractions irrégulières mais douloureuses, se régularisant progressivement pour se rapprocher à intervalles de cinq minutes ou moins, et s'allongeant de plus en plus jusqu'à atteindre une durée d'une minute chacune environ. Ces contractions permettent de dilater le col jusqu'à 4 centimètres environ. Cette phase, beaucoup plus courte que la précédente, peut cependant durer de plusieurs heures à plusieurs jours : une phase de latence de vingt-quatre à quarante-huit heures est ainsi fréquente, en particulier pour une première naissance. Cette phase se déroule de préférence au domicile (si la poche des eaux n'est pas rompue), dans un endroit confortable, familier, calme et chaleureux, où l'on peut boire et manger à sa convenance, en présence d'une ou plusieurs personnes aidantes. Pour un premier accouchement, il est cependant fréquent qu'une partie du prétravail se déroule à la maternité ou en maison de naissance (selon le choix du lieu d'accouchement), car la peur d'accoucher au domicile ou l'intensité de la douleur amène les femmes à se rendre à la maternité précocement.
- Deuxième étape du travail : la phase active, qui comprend des contractions de très haute intensité jusqu'à la dilatation complète du col de l'utérus (10 centimètres) et l'engagement du fœtus dans le bassin maternel. Cette phase dure de quelques heures à une demi-journée et s'achève au moment de l'expulsion, c'est-à-dire au début des efforts de poussée.
- Troisième étape du travail : l'expulsion, qui est le moment le plus actif de l'accouchement, c'est-à-dire le moment où l'on pousse pour faire sortir l'enfant. Cette phase dure de quelques minutes à moins d'une heure et s'achève avec la sortie de l'enfant. Ensuite interviennent la délivrance (sortie du placenta), puis la suture périnéale si nécessaire. Une surveillance étroite de la rétraction de l'utérus et des saignements est ensuite assurée pendant au moins deux heures, avant la prise en charge dans le service de suites de couches ou le retour au domicile (selon le lieu d'accouchement choisi).

Dernier mois de grossesse

Préparation du corps à l'accouchement, contractions faibles et irrégulières, fausses alertes.

ÉTAPE 1 : PRÉ-TRAVAIL

(peut durer plusieurs heures à plusieurs jours)

» Contractions irrégulières, douloureuses, toutes les 5 minutes ou moins, d'une durée d'une minute chacune.
» Phase de latence de 24 à 48 heures possible.
» Peut se dérouler à la maison, en maternité ou en maison de naissance.

ÉTAPE 2 : PHASE ACTIVE

(peut durer de quelques heures à une demi-journée)

» Contractions de très haute intensité, jusqu'à dilatation du col de l'utérus.
» Engagement du fœtus dans le bassin.

ÉTAPE 3 : EXPULSION

(peut durer quelques minutes à moins d'une heure)

» Efforts de poussée jusqu'à expulsion.
» Délivrance (sortie du placenta).
» Suture périnéale si nécessaire.
» Surveillance de la rétraction du col de l'utérus et des saignements.
» Prise en charge dans le service suite de couches.
» Retour à la maison.

» Les contractions de travail : quelles sensations et pourquoi ?

Comme je l'ai expliqué précédemment dans le paragraphe intitulé « Pourquoi accoucher, ça fait mal ? », les contractions de l'utérus sont responsables directement et indirectement de ces sensations douloureuses : directement par l'activité de contraction musculaire en elle-même (rappelez-vous qu'un utérus qui se contracte de manière répétée, c'est comme enchaîner les séries d'abdos-fessiers : au bout d'un moment, ça fait mal !) ; et indirectement par la transformation des structures osseuses et tissulaires autour de l'utérus que les contractions engendrent.

Pour qu'elles se représentent l'action concrète des contractions dans le processus d'accouchement, je demande à mes patientes, lors des ateliers de préparation à la naissance, d'imaginer que leur enfant baigne dans un œuf souple rempli d'eau (qui représente la poche des eaux dans laquelle vit le fœtus), et que cet œuf est placé à l'intérieur d'un grand ballon de baudruche (qui représente l'utérus). Le col de l'utérus, quant à lui, est comme le col du ballon dans lequel on souffle pour le gonfler : il est long, étroit et souple. Si l'on appuie sur le contenu du ballon, le col va s'ouvrir et s'aplatir autour du pôle de l'œuf qui va commencer à sortir petit à petit, au fur et à mesure que l'on continue à comprimer le ballon de baudruche. À la fin, on peut réussir à faire sortir complètement l'œuf par le col, et le ballon de baudruche reprend sa forme initiale une fois vide. C'est exactement ce qui se passe lors de l'accouchement : pendant toute la grossesse, le col est fermé, mais, au moment où les contractions arrivent, elles compriment la poche de liquide dans laquelle baigne le fœtus et font appuyer la tête du bébé (ou plus rarement les fesses) contre le col ; à force d'appuyer contre le col, la tête va le faire se raccourcir puis le col de l'utérus va s'ouvrir. Bien sûr, il faut ajouter une difficulté supplémentaire : une fois l'obstacle du col passé, il faut pouvoir cheminer dans le tunnel qui mène vers la sortie – autrement dit, il faut que le fœtus réussisse à descendre dans le bassin jusqu'à atteindre l'extrémité du vagin et enfin rejoindre la sortie.

Cette visualisation du processus est très importante, car elle permet de rattacher des projections visuelles à des sensations corporelles au moment où les contractions sont ressenties : les douleurs à l'intérieur du vagin sont liées à la dilatation du col ; les douleurs dans le bas du dos, le sacrum et le coccyx sont liées à l'appui de la tête du bébé contre ces structures osseuses ; les douleurs au niveau de l'anus et du rectum sont liées à la progression de sa tête dans le tunnel qu'est le vagin, qui comprime toutes les viscères du petit bassin. Bref, si à chaque sensation on peut y associer une représentation visuelle de ce qui se passe à l'intérieur, comme si on avait une petite caméra pour aller regarder ce qui s'y passe, on est alors d'autant plus capable de comprendre le sens de cette douleur, de l'accompagner, plutôt que de lutter contre, et ainsi de favoriser l'avancée du travail.

J'ai dépeint là un tableau très général, mais plusieurs choses doivent être précisées :

- les sensations vont se déplacer et se transformer au fur et à mesure de l'avancée du travail : au tout début (phase de latence), les sensations sont majoritairement dans le bas du ventre et/ou dans le dos, comme des douleurs de règles. Puis elles vont s'intensifier à l'intérieur, au niveau du vagin, au moment où le col se dilate de plus en plus. Une fois que le col est complètement dilaté, c'est l'« envie de pousser » qui va prédominer et les sensations seront presque uniquement au niveau du rectum et de l'anus : le vagin étant très peu innervé, il envoie peu d'informations au cerveau, tandis que la région anale est au contraire remplie de terminaisons nerveuses qui sont fortement sollicitées au moment du passage du fœtus dans le tractus génital ;
- si l'arrière de la tête du fœtus est positionné contre le sacrum (on appelle cela une « variété postérieure »), les douleurs seront plus intenses dans le bas du dos ;
- si la poche des eaux est rompue, les douleurs au niveau du col seront plus intenses que si elle est intacte : en effet, la partie de la poche qui se trouve devant la tête du fœtus forme comme un coussinet souple qui appuie contre le col de l'utérus, tandis que, si la poche est percée, c'est directement la tête (beaucoup plus dure) qui appuie sur le col ;
- si le fœtus se présente par le siège (c'est-à-dire les fesses en premier), la dilatation du col se fera d'autant mieux que la poche des eaux est intacte, car elle offre une surface de contact plus régulière que les pieds ou les fesses (selon si c'est un siège complet, semi-complet ou décompléte) ;
- si le travail est déclenché artificiellement, les contractions sont provoquées par l'adjonction d'hormones (ocytocine ou prostaglandines, selon le mode de déclenchement). D'apparition moins progressive que lors d'une mise en travail spontanée, elles atteignent plus vite un fort niveau d'intensité. C'est la raison pour laquelle il est parfois plus difficile de gérer des contractions dans le cadre d'un déclenchement que dans celui d'une mise en travail spontané, et que la demande d'une péridurale survient

en général plus précocement après la mise en route du travail que dans les mises en travail spontanées.

TÉMOIGNAGE D'AURÉLIE, 44 ANS

« J'ai perdu les eaux un mercredi soir et j'ai eu trois contractions de rien du tout, puis rien le jeudi. J'ai finalement eu un déclenchement le vendredi matin avec le tampon de Propess® [le Propess® est un tampon imprégné de prostaglandines qui permettent de provoquer les contractions] et il ne s'est rien passé jusqu'au soir : donc pas de douleurs ! Le vendredi soir, le tampon de déclenchement était tombé, alors une sage-femme l'a remis : les contractions ont commencé dans les deux ou trois heures qui ont suivi. C'était rapidement assez douloureux, mais il paraît que c'est dû au déclenchement. J'avais tellement mal que je n'ai même pas pu demander un ballon ni faire aucun exercice qu'on avait travaillé pendant la préparation en haptonomie. Ça, c'est ma déception... En fait, même si j'avais suivi les cours d'accouchement, je n'avais pas compris qu'à un moment donné il y a une grosse douleur et du sang qui coule à cause du col qui se dilate. Sur le moment, je ne me souvenais pas qu'il fallait s'attendre à cela, et comme j'étais toute seule dans ma chambre, je dois dire que j'ai bien flippé. Un peu plus tard, j'avais toujours le tampon de Propess® pour le déclenchement mais j'étais toujours à l'étage dans ma chambre, et j'avais tellement mal que j'essayais de faire des tours de couloir. Et alors là, je me traînais ! Franchement, sur le moment, je flippais bien, car l'infirmière de l'étage me disait : "Non, ce ne sont pas encore les grosses contractions, votre conjoint a tout à fait le temps de venir." Et moi, je me disais : "Ah bon ? Mais je vais mourir de douleur après, alors !" J'ai fini par insister pour descendre à l'étage des accouchements parce que j'avais trop mal et j'ai demandé au papa de venir. Il était trois ou quatre heures du matin à ce moment-là. Quand je suis descendue en salle de naissance, les sages-femmes qui m'ont examinée m'ont dit que j'étais déjà bien dilatée, et cela m'a rassurée. Parce que cela voulait dire que je n'avais pas souffert pour rien, finalement ! »

TÉMOIGNAGE DE NOÉMIE, 34 ANS

« J'ai le souvenir de douleurs montant progressivement, malgré le fait que j'aie été déclenchée. C'était intense mais gérable, et presque rassurant en réalité : pour moi, c'était le signe que le travail avançait bien, que j'avais bien répondu au déclenchement. Mais ma première remarque, c'est que je n'ai pas du tout été préparée et informée sur le déclenchement par ma sage-femme, et a posteriori *j'ai trouvé cela dommage... »*

TÉMOIGNAGE DE VIOLAINE, 33 ANS

« Dans mon cas, les deux fois, l'accouchement a été déclenché. Je me souviens d'avoir demandé à une sage-femme s'il était vrai que les douleurs "déclenchées" étaient plus fortes que des contractions naturelles : elle m'avait diplomatiquement répondu que de toute façon je n'aurais pas de point de comparaison... En tout cas, je me souviens d'avoir douillé, et la seconde fois de m'être vraiment dit : "Mais pourquoi, pourquoi je me suis infligé à nouveau ça ?" La première fois, je suis restée un certain temps à avoir mal – en fait, jusqu'à ce que la sage-femme revienne et me dise : "Ah, mais on pouvait vous donner la péridurale sans attendre, hein !" Alors que moi, je pensais qu'il fallait attendre au maximum pour ne pas trop ralentir l'ouverture du col... Du coup, pour le second accouchement, j'étais au taquet, et l'anesthésiste avait intérêt à l'être aussi quand j'entrerais en salle de travail ! »

TÉMOIGNAGE DE MÉLANIE, 40 ANS

« J'ai accouché deux fois, avec péridurale. La première fois, j'ai été déclenchée par ballonnet. La pose a été extrêmement douloureuse car le passage de l'isthme du col est compliqué parce que j'ai un utérus qui est très antéfléchi [l'utérus est positionné très en avant par rapport à l'axe de la colonne vertébrale, donc le col est comme coudé vers l'avant parce qu'il est entraîné par le poids de l'utérus]. J'avais déjà connu des douleurs similaires lors d'une hystéroscopie dans le cadre d'un parcours de PMA. Dans les deux cas, on m'a proposé du protoxyde d'azote [le "gaz hilarant"] et cela m'a beaucoup aidée, mais aussi beaucoup fait pleurer ! Ce gaz a cet effet un peu étonnant sur moi : je lâche tout ! Pour mon premier accouchement, quand j'ai commencé à avoir quelques contractions douloureuses, environ vingt heures après la pose du ballonnet, j'ai d'abord pris un bain qui m'a bien apaisée, puis, lorsque les contractions se sont accentuées, j'ai appuyé mon bassin en rétroversion contre le mur et cela m'a soulagée de manière vraiment efficace. Je dirais que cela a permis de faire diminuer de moitié l'intensité de la douleur. Ensuite, on a posé la péridurale, à ma demande, et un peu précocement car nous étions dans le cadre d'un déclenchement pour un retard de croissance avec des signes d'aggravation, donc il fallait de toute façon être interventionniste. »

» Au moment de l'expulsion, reste-t-il encore des choses à faire pour soulager la douleur ?

Vous voilà presque arrivée au bout de vos peines, car la sage-femme qui vous accompagne a prononcé cette phrase qui signe le début des choses vraiment sérieuses : « On s'installe ! » On s'installe, cela veut dire que l'on se met en place pour la poussée, autrement dit pour la naissance. Ça y est, vous êtes dans ce moment décisif : le sprint final sur les Champs-Élysées après le marathon de plusieurs jours que vous venez de traverser. Dans ce tout dernier virage avant la victoire, il y a encore beaucoup d'efforts à fournir, et les sensations s'intensifient encore : compression maximale du rectum et de l'anus, puis, au moment où la tête du bébé sort, il y a un très fort étirement de la peau du vagin, des petites lèvres, du clitoris et des grandes lèvres qui crée une sensation de brûlure sur tout le périnée. Ici, c'est votre sage-femme qui peut vous apporter du soulagement, soit par des compresses froides qu'elle applique sur le périnée qui s'amplifie au fur et à mesure que la tête du bébé est en train de sortir, soit par des vaporisations au brumisateur pour rafraîchir la zone.

De votre côté, une fois que la tête est proche de sortir, vous pouvez utiliser la technique de respiration dite « du petit chien » pour essayer de canaliser la douleur. Cette respiration superficielle et rapide ne doit être vraiment utilisée que dans les tout derniers instants car elle n'est pas une respiration efficace pour l'oxygénation des muscles ; c'est plutôt une respiration de maîtrise de soi et d'aide à la concentration dans un moment où la douleur peut prendre le dessus au point de faire perdre ses repères. Une autre manière de garder sa concentration malgré l'intensité de la douleur est de demander à votre sage-femme qu'elle vous aide à poser votre main sur la tête du bébé qui est en train de sortir. Le fait de la toucher avec la main vous permet de guider votre poussée et de vous concentrer sur l'avancée de la tête plutôt que sur la douleur. Enfin, si le fait de faire cela vous rebute, vous pouvez essayer de visualiser ce qui est en train de se passer et d'associer vos sensations et la représentation mentale du chemin que votre bébé est en train de parcourir. Généralement, la sage-femme qui vous aide vous explique au fur et à mesure des efforts de poussée où se situe la tête et comment elle avance, ce qui vous permet aussi de vous figurer dans l'espace ce qui se déroule à l'intérieur de vous.

TÉMOIGNAGE DE SALOMÉ, 38 ANS

« Pour mes deux accouchements, j'ai eu la chance d'avoir un accompagnement hyper-personnalisé et j'ai eu l'immense bonheur d'être suivie par une amie qui est sage-femme et qui a accepté de venir m'accoucher. Elle avait fait une partie de ma préparation à la naissance, mais j'avais aussi suivi les ateliers collectifs de préparation qu'ils proposaient aux Bluets, là où j'ai accouché. Autant, pour le premier accouchement, je n'étais pas certaine de vouloir accoucher sans péridurale, autant, pour la naissance de ma fille, je savais que je voulais le faire sans, puisque pour mon premier j'étais allée jusqu'à 8 centimètres sans rien et qu'au final j'avais accouché même pas une heure après la pose de péridurale.

Il y a un truc qu'on m'avait raconté avant que j'accouche sans péri et qui me semblait un concept un peu étrange mais qui s'est révélé tellement réaliste quand j'ai donné naissance à ma fille : c'est l'anneau de feu. On m'avait dit : "Tu verras, au moment où la tête sort, tu vas sentir l'anneau de feu au niveau de ta vulve tellement cela te brûle à cause de la distension de la peau." Eh bien on ne m'avait pas menti : c'était vraiment l'anneau de feu ! Entre ça et le fait d'avoir l'impression d'avoir l'Empire State Building qui sort par ton anus, je dois dire que c'était riche en visualisations étonnantes, cet accouchement ! Mais même si, avec ces images, cela paraît idiot ou effrayant, en réalité cela aide beaucoup sur le moment de se représenter les choses ; de les voir mentalement à défaut de pouvoir les voir réellement. »

TÉMOIGNAGE DE CLARISSE, 41 ANS

« Après la pose de la péridurale, je n'ai plus du tout ressenti de douleurs physiques. Par contre, psychiquement, j'ai trouvé cela plus dur que les contractions sans péridurale. Je m'explique : quand tu as la péridurale, tu dois être actrice de manière totalement consciente et en maîtrise, parce que c'est toi qui dois décider de pousser, alors même que tu ne sens pas la contraction ; et si tu ne pousses pas bien, le bébé ne sort pas. Alors qu'avant la péridurale, c'était mon corps qui parlait et qui voulait pousser, je n'avais pas à réfléchir ou à choisir quoi que ce soit, cela se faisait sans que je le décide. Au final, si j'ai un jour un deuxième enfant, je réfléchirai sérieusement à accoucher sans péridurale. Parce que les douleurs sont incontrôlées et du coup elles sont "naturelles" : en fait, quand tu le vis, tu sens que ton corps est fait pour que le bébé sorte de toute façon. Même si cela fait mal, tu comprends que ton corps va faire ce qu'il faut. »

LA PRÉSENCE HUMAINE, PREMIER MOYEN DE SOULAGER LA DOULEUR

S'il n'y avait qu'une seule règle d'or à retenir, ce serait celle-ci : la douleur de l'accouchement ne s'affronte pas seule. Cela a été scientifiquement prouvé à de multiples reprises : la présence d'une ou de plusieurs personnes pour vous soutenir est un moyen efficace d'abaisser le seuil de douleur des femmes qui accouchent.

Pourquoi faut-il forcément être accompagnée et soutenue par une personne proche de vous ? Tout d'abord parce que vous n'aurez pas une sage-femme à vos côtés en permanence, y compris si vous faites le choix d'accoucher en maison de naissance ou à la maison ; il y a forcément une partie du travail qui se fait sans professionnel·le à vos côtés, et c'est pour cela qu'il est indispensable que vous ayez des soutiens dans votre entourage sur lesquels vous appuyer pour traverser cette épreuve. Car vous pourrez vous préparer avec la plus grande assiduité pendant toute la grossesse à vivre le chamboulement physique et émotionnel que représente l'accouchement, avec la douleur, il sera sans doute difficile de se souvenir de ce qu'il faudrait faire et dans quel ordre. C'est précisément dans ces moments de vulnérabilité que l'on a particulièrement besoin que l'on prenne soin de soi et donc de pouvoir s'en remettre à quelqu'un en qui on a confiance, qui sera à même de vous aider, de vous coacher, de vous guider, de vous écouter, mais aussi de se taire lorsqu'il le faut, de vous laisser tranquille lorsque vous en aurez besoin, etc.

On le répète à nouveau : s'il y a une chose à retenir en la matière, c'est qu'il ne faut pas être seule face à sa douleur quand on accouche. Que ce soit un·e professionnel·le de santé ou quelqu'un de votre entourage, vous devez impérativement pouvoir compter sur quelqu'un pour vous aider à tout moment à gérer la douleur des contractions. Il faut tout simplement qu'il y ait toujours quelqu'un qui prenne soin de vous ! Les personnes de l'entourage qui sont sollicitées en priorité sont le plus souvent les partenaires de vie, mais ce n'est pas toujours le cas, et fort heureusement il y a d'autres personnes dans l'entourage qui peuvent endosser ce rôle ! Il est cependant nécessaire de réfléchir plusieurs semaines à l'avance à qui sera la personne – ou mieux encore, les personnes ! – qui pourra vous accompagner et être aux petits soins pour vous le jour J. *A minima*, prévoyez, si vous le pouvez, la possibilité de solliciter différentes personnes « de secours » si celle sur laquelle vous comptez avant tout s'avérait ne pas pouvoir être présente pour une raison ou une autre.

TÉMOIGNAGE DE VIOLAINE, 33 ANS

> *« Mon mari avait l'impression de ne pas servir à grand-chose, mais sa présence était hyperréconfortante. Je plains beaucoup les mamans qui ont accouché au plus fort du confinement, masquées et sans personne pour les soutenir... Cette perspective me glace complètement. Nous, nous avions appris des mouvements que le père pouvait faire pour soulager un peu les douleurs, mais au final, cela ne servait pas à grand-chose, plutôt à détourner l'attention des contractions elles-mêmes. Je n'ai pas hurlé, mais j'ai crié et juré pas mal. Le quart d'heure où il faut attendre que la péridurale fasse effet est vraiment très long ! »*

Certaines femmes qui ne veulent pas se reposer uniquement sur leur entourage pour endosser cette fonction de soutien font le choix d'avoir recours aux services – payants – d'une « doula ». Cette fonction n'est pas reconnue en France comme une profession médicale ou paramédicale, et la formation n'est pas réglementée ou encadrée au niveau national. Si vous choisissez d'avoir recours aux services d'une doula, choisissez donc avec soin la personne qui vous accompagnera. En outre, si vous accouchez en établissement de soins (maison de naissance, hôpital ou clinique), assurez-vous que la présence de la doula à vos côtés est autorisée – ce qui est rarement le cas... La raison principale en est que la cohabitation des professionnel·le·s de santé avec les doulas n'est pas – pour l'heure ? – très aisée en France, tandis qu'elle est beaucoup plus répandue aux États-Unis et au Canada notamment. De plus, les établissements hospitaliers limitent généralement le nombre d'accompagnants lors de l'accouchement à une seule personne, aussi faut-il choisir soigneusement celui ou celle qui sera avec vous pendant les heures (parfois très longues !) passées en salle d'accouchement.

SE PRÉPARER : LES TECHNIQUES CORPORELLES

» Méthodes Lamaze, Leboyer, Bonapace, de Gasquet… Qu'en penser ?

Les femmes qui souhaitent se préparer de manière approfondie à un accouchement sans péridurale, ou qui souhaitent tout simplement améliorer leur gestion de la douleur pour mieux vivre les contractions de travail, se tournent vers différentes « méthodes » de préparation à la naissance spécifiquement identifiées : méthode Lamaze, méthode Leboyer, méthode Bonapace, méthode de Gasquet… Que se cache-t-il derrière ces noms, outre les personnes qui ont accolé leur patronyme à ce terme de « méthode » ? Comment s'y retrouver parmi toutes ces offres, laquelle choisir, et faut-il réellement en choisir une plutôt qu'une autre ? Je vous propose ici de faire le point sur toutes ces méthodes, sans langue de bois !

La méthode Lamaze, dont j'ai évoqué l'histoire dans l'introduction de ce livre, a été importée d'URSS dans les années 1950 et n'a plus réellement cours aujourd'hui. Elle consistait en un véritable conditionnement cérébral des femmes pour détourner la réponse nerveuse de la douleur. Mais ce qui représentait à l'époque un progrès pour la cause des femmes serait aujourd'hui considéré comme relevant d'une approche patriarcale de la gestion de la douleur, car à l'époque, la méthode n'avait pas pour objectif de promouvoir et d'accroître l'autonomie des femmes, mais au contraire de les conditionner selon les règles du réflexe pavlovien.

La méthode Leboyer, quant à elle, promeut un accouchement non traumatique pour l'enfant avant toute chose et repose sur la réappropriation de techniques de méditation, de respiration et de production de sons graves utilisés dans la musique indienne et dans certains arts martiaux. Très en vogue dans le dernier quart du XXe siècle, Frédérick Leboyer a eu le très grand mérite de considérer le futur nouveau-né comme un véritable acteur de la scène de l'accouchement et de la naissance. C'est surtout pour cette prise en compte de l'enfant en tant qu'agent, et non pas l'objet inerte de la science obstétricale, que ses travaux ont été déterminants.

Deux méthodes contemporaines sont aujourd'hui sur l'avant-scène francophone, promues par deux femmes : Bernadette de Gasquet depuis la France et Julie Bonapace depuis le Canada. Elles ont assuré la diffusion de leurs méthodes respectives, mais aussi… leur commerce, en en faisant des sortes de marques déposées que les praticien·ne·s peuvent ensuite apposer sur leur plaque, sous réserve d'avoir suivi la formation qu'elles proposent. En quoi consistent ces méthodes ? Elles sont en réalité des synthèses d'un ensemble de savoirs que la compréhension de la physiologie de la douleur a permis d'éclairer, combinés à une approche des techniques corporelles qui sont transmises de génération de sages-femmes en génération de sages-femmes. Le label « méthode Bonapace » ou « méthode de Gasquet » a l'avantage pour les patientes de leur permettre d'identifier les sages-femmes qui sont en mesure de leur transmettre des approches non médicamenteuses de la douleur lors de leur préparation à la naissance. C'est un réel atout de visibilité et de clarté pour celles qui souhaitent consolider leur autonomie face à la gestion de la douleur.

Ces labels sont-ils indispensables pour autant ? Pour faire une comparaison très simple, l'histoire de ces « méthodes » est exactement la même que celle de l'invention du label « bio » pour l'alimentation. Pendant des siècles et même des millénaires, on a cultivé les terres en trouvant des techniques pour lutter contre les nuisibles, mais on n'avait jamais eu l'idée de penser ces techniques comme une « méthode », encore moins un « label » : c'était tout simplement la meilleure façon de faire avec les connaissances et les moyens à disposition. C'est face à l'industrie agroalimentaire et l'usage massif des pesticides et autres intrants chimiques, à partir des Trente Glorieuses, qu'il a fallu affirmer qu'il existait d'autres manières de procéder, reposant sur des méthodes éprouvées par les siècles, sans doute moins rentables mais plus durables : le besoin d'identification du « bio » est né de l'obligation de faire contraste avec un système aux valeurs différentes qui est devenu dominant en l'espace de quelques décennies.

C'est exactement la même chose avec l'accouchement : l'usage massif de la péridurale et l'interventionnisme médicamenteux qu'elle a permis (avec l'utilisation d'ocytocine de synthèse en particulier), dans une perspective gestionnaire de l'activité hospitalière, ont provoqué le besoin d'identifier des lieux et des praticien·ne·s qui ne s'inscrivent pas dans cette logique devenue la norme à partir des années 1980. Ainsi, les labels « méthode Bonapace », « méthode de Gasquet » mais aussi « hôpital ami des bébés » (IHAB), et bien d'autres encore, sont des labels qui ne recouvrent aucune innovation technique spécifique, aucun savoir inédit ; mais ils constituent d'utiles moyens d'identification (avec toute l'économie que ces processus de labellisation génèrent) dans l'univers de la naissance, exactement comme le label « bio » dans les rayons d'épicerie.

TÉMOIGNAGE D'ELSA, 27 ANS

> *« J'avais entendu parler de plein de trucs par mes copines un peu plus âgées et qui avaient déjà accouché, et c'est vrai qu'au moment de devoir faire des choix et prendre des décisions pour mon propre accouchement, j'étais un peu noyée dans la masse des choses possibles, et en même temps complètement perdue, avec l'impression qu'il n'y avait rien pour moi. Cela a été un chemin assez long pour comprendre ce qu'il me faudrait ; on l'a aussi choisi ensemble avec le papa. C'est passé d'abord par l'entretien prénatal avec la sage-femme, qui nous a présenté assez longuement tout ce qui existait dans la région en matière de préparation à l'accouchement. Et puis beaucoup de lectures, à la fois sur Internet, sur des sites ou des blogs que je suivais, et quelques livres que j'ai soit récupérés auprès de copines, soit feuilletés en librairie. À force de réflexion, de lectures et de prises de renseignements, j'ai fini par me décider et de me lancer dans l'aventure d'un accouchement en maison de naissance. Et même si l'accouchement a été beaucoup plus difficile et douloureux que ce que j'avais pu imaginer, tout s'est hyperbien passé et je suis vraiment ravie de mon choix. Mais alors l'accouchement, quelle douleur tout de même… C'est un message hyperimportant à faire passer aux femmes, je trouve : se préparer à accoucher sans péridurale, c'est comme s'apprêter à essuyer une tempête sur un Vendée Globe – les bateaux sont hyperéquipés pour ce type de gros temps, mais leur équipement n'empêche en rien qu'il y ait la tempête. Pour moi, l'accouchement, c'est la même chose. C'est une énorme tempête en mer qu'on ne peut pas éviter, mais pour laquelle on a tout un équipement, plein d'outils pour dépasser ce gros temps. Du coup, quand on accouche sans péridurale, on ne peut pas éviter la douleur, mais on peut s'outiller pour lutter contre la douleur ou en tout cas l'atténuer. C'est cela que j'ai essayé de faire tout du long de ma grossesse puis pour mon allaitement et, pour l'instant, en m'appliquant cette philosophie, tout marche ! »*

TÉMOIGNAGE DE CLAUDIA, 47 ANS

« Pour ma première fille, j'étais totalement novice : je débarquais d'Italie, personne autour de moi n'avait accouché, donc je n'avais pas d'exemple sur lequel m'appuyer pour savoir ce qui m'attendait et ce qu'il était possible ou non de faire en matière de préparation à l'accouchement. Je me souviens que j'étais tellement ignorante de tout que je m'étais inscrite beaucoup trop tard à la maternité et, du coup, je n'ai pas vraiment eu d'autre choix que d'accoucher à l'hôpital.

Pour ma première fille, il y a huit ans, je garde un souvenir d'un accouchement "aseptisé", où je n'ai pas du tout pu être actrice parce que j'avais une péridurale très dosée qui m'a complètement "plombée" et coupée totalement de toutes mes sensations. J'ai vraiment eu le sentiment, après-coup, d'avoir été dépossédée de mon corps pendant plusieurs heures, et aussi dépossédée de ma capacité à agir et à aider ma fille à naître. Mais cela ne m'est apparu que vraiment longtemps plus tard, quand je suis tombée enceinte de ma deuxième fille. Ce n'est que là que je me suis mise à repenser à mon premier accouchement, que j'ai commencé à lire beaucoup de choses sur le sujet. Avant cela, je crois que j'avais mis cela un peu de côté, et puis comme je m'étais séparée du papa assez peu de temps après la naissance, je pense aussi que je n'ai pas voulu replonger dans ces souvenirs aussi associés à lui.

C'est quand même marrant, les coïncidences : le jour où j'ai découvert ma deuxième grossesse, je suis tombée sur un reportage sur une clinique en Toscane, en Italie, dans un village tout près de celui où je suis née, qui s'appelle Poggibonsi. Cela avait l'air incroyable ce qu'ils faisaient là-bas, et cela m'a donné une tout autre vision de ce que pouvait être une naissance dans un établissement hospitalier. Dans mon idée, avant que je m'intéresse à tout cet univers, il y avait d'un côté quelques originales – et sacrément courageuses ! – qui accouchaient chez elles, et puis de l'autre côté il y avait l'accouchement à l'hôpital, avec la blouse, les murs blancs, les lumières blanches, la péridurale, les machines qui font "biiiiiiiip !" partout et six personnes pour regarder ton accouchement pendant que tu as les quatre fers en l'air. C'était un peu tout blanc ou tout noir, et je n'avais aucune idée du fait qu'il y avait la possibilité d'être accompagnée autrement quand tu accouches dans une institution.

Donc, j'ai cherché autour de moi ce qui pouvait se rapprocher le plus de la clinique de Poggibonsi ici, en France, et comme j'habite en Bretagne, j'ai découvert qu'il y avait à Rennes la clinique de la Sagesse qui proposait un accompagnement physio et qui me semblait du coup un lieu qui pourrait me convenir sur le plan des valeurs et de l'approche de l'accouchement. Et mon conjoint m'a totalement suivie dans ce mouvement ! Lui, il n'y connaissait rien vu qu'il n'était pas encore papa, mais il m'a fait confiance dans un premier temps, et ensuite il a eu besoin de faire ses recherches par lui-même, d'essayer de comprendre ce qui se passe pendant un accouchement. Après, c'était même lui qui me disait : "Tu as vu tel truc passer sur le groupe Facebook ?" Il était à fond ! »

LES TECHNIQUES RESPIRATOIRES

Vous l'ignorez peut-être, mais votre meilleur allié contre la douleur se trouve à l'intérieur de vous : c'est votre souffle. En apprenant durant la grossesse à maîtriser quelques techniques de respiration simples mais redoutablement efficaces, vous vous préparerez un outillage de premier choix pour atténuer, par vous-même, les douleurs provoquées par les contractions de travail.

Il s'agit bien ici d'exercices de respiration, ce qui veut dire qu'il faut s'entraîner régulièrement, et bien en amont de l'accouchement, afin que ces techniques soient parfaitement intégrées et ne vous demandent plus de réfléchir pour les mettre en action au moment où vous en aurez besoin. Nombre de ces techniques que j'ai transmises aux femmes enceintes durant les ateliers de préparation à la naissance aux Bluets sont inspirées du yoga, de la sophrologie et également de certaines techniques de chant, aussi certains exercices pourront-ils sembler familiers à celles d'entre vous qui ont déjà la connaissance de l'une ou l'autre de ces pratiques.

Les atouts d'une bonne maîtrise de sa respiration pendant le travail et l'accouchement sont nombreux : d'abord, le fait de se concentrer sur la respiration détourne partiellement l'attention de la douleur et permet de se focaliser sur le souffle tout en abaissant le niveau de stress ; ensuite, le fait de bien respirer permet une oxygénation correcte des tissus musculaires, ce qui est indispensable à leur efficacité et permet d'éviter les crampes. Il suffit de penser aux points de côté qui se déclarent quand on ne respire pas suffisamment par rapport à l'effort fourni par le corps et on comprendra vite l'intérêt d'une respiration ample et maîtrisée pendant l'accouchement !

POURQUOI LE SOUFFLE EST-IL SI IMPORTANT PENDANT LE TRAVAIL ?

Que se passe-t-il lorsque l'on respire ? L'oxygène, comme le sucre, est le carburant de base du corps humain. Sans sucre ni oxygène à consommer, les usines à produire de l'énergie que sont les cellules ne peuvent pas fonctionner correctement. Ainsi, les poumons qui se remplissent d'air permettent le passage de l'oxygène dans le sang, qui se charge de transporter ce carburant vers les différentes parties du corps en cheminant dans tout le réseau artériel. Puis, une fois que les cellules ont capté l'oxygène et qu'elles l'ont transformé dans les « turbines » qui produisent de l'énergie au cœur de chacune d'entre elles, elles rejettent du dioxyde de carbone (CO_2), qui est capté par les globules rouges et ramené dans le circuit veineux vers les poumons, lesquels expulsent le CO_2 au moment de l'expiration. Inspiration et expiration sont donc deux phases aussi importantes l'une que l'autre : pour que les globules rouges soient disponibles pour capter l'oxygène au moment de l'inspiration, il faut qu'ils aient été débarrassés de leur CO_2 au moment de l'expiration. Ainsi, chaque technique de respiration qui sera détaillée par la suite nécessite de se concentrer autant sur l'inspiration que sur l'expiration.

On n'insistera jamais assez sur ce point : si vous ne respirez pas correctement pendant le travail et l'accouchement, c'est-à-dire si vous n'oxygénez pas suffisamment votre corps, vous vous fatiguerez beaucoup plus vite et vous perdrez en endurance dans l'effort que représente ce moment. On dit souvent qu'accoucher représente la même dépense d'énergie que lorsque l'on court un marathon. Vous vous imaginez courir quarante-deux kilomètres sans maîtriser votre respiration ? Je ne sais pas vous, mais moi, non ! Si vous n'avez pas besoin de chausser vos baskets pour l'accouchement, vous n'en aurez pas moins le droit à une médaille d'or pour l'effort que vous aurez accompli !

» La maîtrise de la respiration : quatre types de cycles respiratoires pour canaliser la douleur

Je vous propose ici de découvrir quatre manières différentes de maîtriser sa respiration pendant le travail. Avant toute chose, il est nécessaire de bien sentir les différentes zones avec lesquelles on peut respirer ; ou, pour le dire autrement, il faut d'abord bien identifier les parties du corps que vous pouvez « remplir d'air » à l'inspiration et que vous « videz » à l'expiration. Le premier exercice consiste donc à comprendre les trois principales zones du thorax et de l'abdomen que vous allez mobiliser pour respirer. Une fois que vous aurez pris conscience de ces zones, vous pourrez passer aux différents types de respiration profonde que vous pouvez apprendre et qui vous seront utiles le jour de l'accouchement pour gérer la douleur. Bien sûr, il existe d'autres techniques de respiration que celles qui sont présentées ici, mais j'ai choisi d'en proposer un nombre limité dans le but de ne pas provoquer d'éparpillement... Si vous maîtrisez parfaitement deux voire trois types de respiration à l'issue de la lecture de ce livre, ce sera déjà formidable !

TÉMOIGNAGE DE CYRIELLE, 37 ANS

> *« Pour mon deuxième accouchement, j'ai élaboré un projet de naissance assez tôt dans ma grossesse, parce que je savais ce que je ne voulais pas revivre du premier accouchement. Dans mon esprit, j'associe la respiration à la vie, et en l'occurrence la respiration a été fondamentale pour moi dans cette deuxième préparation. C'est ce qui m'a donné vraiment l'impression de "vivre", au sens premier, mon accouchement. »*

TÉMOIGNAGE DE SARAH, 38 ANS

> *« C'est très simple : pour moi, respirer, c'est la clé. Si je ne dois retenir qu'une seule chose parmi tout ce que j'ai pu comprendre de la façon dont on peut gérer sa douleur et ses sensations, c'est celle-là. Il faut bien respirer. Et c'est très étrange à première vue comme idée, mais oui, respirer, cela s'apprend. »*

TÉMOIGNAGE DE NICOLE, 29 ANS

> *« J'ai une pratique de yoga très poussée depuis bientôt quatre ans, donc je connais bien le souffle et tout ce qui repose sur lui. Mais, avec l'accouchement, j'ai découvert sa puissance pour la canalisation de la douleur, et j'ai pu éprouver dans mon corps ses bienfaits. »*

» Maîtriser la respiration profonde

Avant de commencer à explorer différents types de respiration, il faut d'abord apprendre à sentir son souffle dans les différentes zones du corps dans lesquelles il circule. Nous allons ici nous concentrer sur trois endroits : la poitrine, le ventre et le dos. Installez-vous confortablement en tailleur ou sur une chaise, selon votre préférence.

- Fermez les yeux et posez vos mains sur le bas de votre ventre, au niveau du nombril. À l'inspiration, essayez de gonfler le ventre au maximum en prenant de l'air par le nez. Expirez très lentement par la bouche, comme si vous souffliez dans une paille. Dégonflez votre ventre jusqu'à ce que vous deviez le rentrer pour prolonger l'expiration, comme si vous vouliez que votre nombril aille rejoindre votre colonne vertébrale. Reprenez à nouveau une grande inspiration par le nez en gonflant le ventre, puis soufflez à nouveau très lentement par la bouche. Continuez ainsi pendant cinq cycles de respiration.

- Toujours les yeux fermés, vous allez à présent poser les deux mains sur votre thorax, au-dessus de la poitrine. À l'inspiration, vous allez soulever et écarter vos mains avec votre poitrine en inspirant par le nez, comme si vous vouliez agrandir au maximum votre cage thoracique. Expirez lentement par la bouche en dégonflant progressivement la poitrine, si bien que vos mains vont se rapprocher et s'abaisser doucement au fur et à mesure que vous chassez l'air. Lorsque vous pensez être au bout de votre expiration, redonnez un coup d'expiration : il reste toujours une fraction d'air dans les poumons que l'on peut chasser en produisant un effort supplémentaire. Reprenez une grande bouffée d'air par le nez en ouvrant la cage thoracique, puis expirez, et ainsi de suite pendant cinq cycles de respiration.

- Maintenant que vous êtes en mesure de respirer par le ventre et par la poitrine, essayez de combiner les deux. Posez une main sur votre ventre et une main sur votre poitrine. À l'inspiration, gonflez d'abord le ventre puis la poitrine en inspirant par le nez. À l'expiration, relâchez la poitrine puis dégonflez le ventre jusqu'à évacuer tout l'air par la bouche. Répétez sur cinq cycles de respiration.

- Lorsqu'il devient facile pour vous de combiner une respiration profonde par le ventre et par la poitrine sur une même inspiration/expiration, essayez d'ajouter une troisième zone où vous pouvez sentir votre souffle : le dos. Pour bien sentir cette zone, vous allez d'abord lever votre bras droit, puis posez votre main droite sur votre oreille gauche en posant le creux de votre coude sur le sommet de votre crâne. À l'inspiration, concentrez-vous sur l'arrière de votre flanc droit et sentez-le se remplir d'air en même temps que vous penchez le buste légèrement vers la gauche. Expirez lentement par la bouche tout en redressant progressivement le buste. Répétez sur cinq cycles de respiration, puis changez de côté. Une autre technique pour sentir la respiration au niveau du dos est de s'adosser à un dossier de chaise ou au mur et d'essayer de repousser le dossier ou le mur avec son dos à l'inspiration, puis de plaquer le dos et les épaules à l'expiration. Une fois que vous aurez senti ce mouvement, il vous sera possible de combiner les trois zones de respiration (ventre, poitrine, dos) à chaque inspiration et expiration, ce qui augmentera considérablement les échanges gazeux d'oxygène et de dioxyde de carbone à chaque cycle respiratoire. Vous obtiendrez ainsi une respiration extrêmement efficace, digne d'une sportive de haut niveau !

» Les respirations géométriques : le triangle inversé ; le carré, le rectangle et le trapèze

Pour ces exercices, le principe est toujours le même : il faut réaliser une inspiration ample par le nez pour remplir d'air le ventre, la poitrine et le dos, puis souffler l'air dans une expiration lente par la bouche afin de chasser tout le dioxyde de carbone produit par les cellules. Ce qui change à chaque exercice de respiration, ce sont le rythme et la durée des inspirations et expirations. De plus, nous allons voir la notion de pause respiratoire entre l'inspiration et l'expiration, qui est une phase supplémentaire venant s'ajouter dans le cycle respiratoire exploré précédemment.

Tous les exercices sont à réaliser dans une position assise confortable mais dynamique, afin d'être active dans la maîtrise du souffle. Ils peuvent être pratiqués les yeux fermés, ou le regard posé sur un point fixe au loin, ou encore sur une bougie. Dans tous les cas, il est souhaitable de ne pas avoir de distractions tels que la télévision ou un poste de radio allumés ; vous pouvez en revanche choisir un fond sonore calme si cela vous permet d'augmenter votre concentration. Il est également important de ne pas avoir froid pendant ces exercices : même s'ils ont tendance à provoquer un réchauffement du corps, pensez à vous couvrir suffisamment si vous avez tendance à vous refroidir lorsque vous êtes au repos.

» La respiration en triangle isocèle inversé

- Prenez une inspiration par le nez en comptant mentalement jusqu'à cinq et en imaginant que vous tracez une ligne qui part du centre vers la gauche. Pensez à bien gonfler le ventre, la poitrine et le dos pendant que vous dessinez cette première ligne, puis retenez votre respiration poumons pleins tandis que vous imaginez une ligne horizontale qui se dessine vers la droite, pendant cinq secondes également. Puis relâchez le souffle progressivement en refermant mentalement le triangle, pendant cinq secondes.

- Répétez cinq fois ce schéma inspiration profonde-rétention poumons pleins-expiration complète, en dessinant mentalement à chaque cycle un triangle isocèle. Vous pouvez faire varier la forme de votre triangle en changeant la durée de l'inspiration, de la rétention et/ou de l'expiration.

» La respiration en carré, en rectangle et en trapèze

- Prenez une inspiration par le nez en comptant mentalement jusqu'à cinq et en imaginant que vous tracez une ligne qui part du bas à gauche vers le haut à gauche. Pensez à bien gonfler le ventre, la poitrine et le dos pendant que vous dessinez cette première ligne, puis retenez votre respiration poumons pleins tandis que vous imaginez une ligne horizontale qui se dessine vers la droite, pendant cinq secondes également. Puis relâchez le souffle progressivement en traçant mentalement une ligne verticale, pendant cinq secondes. Retenez à présent votre respiration poumons vides pendant cinq secondes tout en refermant le carré.

› Répétez cinq fois ce schéma inspiration profonde-rétention poumons pleins-expiration complète-rétention poumons vides en dessinant mentalement à chaque cycle un carré. Vous pouvez faire varier la forme en changeant la durée de l'inspiration, de la rétention poumons pleins-poumons vides et/ou de l'expiration. Par exemple, pour la respiration en rectangle, vous pouvez inspirer sur cinq secondes, puis retenir poumons pleins sur trois secondes, puis expirer sur cinq secondes et retenir poumons vides sur trois secondes. Enfin, pour la respiration en trapèze, vous pouvez inspirer sur cinq secondes, puis retenir poumons pleins sur trois secondes, puis expirer sur cinq secondes et retenir poumons vides sur sept secondes. Vous pouvez augmenter les longueurs des côtés – autrement dit, vous pouvez augmenter les durées de chaque étape du cycle – au fur et à mesure que vous progressez dans votre pratique. Plus vous vous entraînerez et plus vous pourrez dessiner de grandes et belles figures géométriques !

» La respiration alternée

Directement inspirée du yoga, la respiration alternée permet de réaliser des inspirations et des expirations profondes uniquement par le nez.

› Assise en position confortable et dynamique, placez le pouce de votre main droite sur votre narine droite et votre majeur droit sur votre narine gauche, comme si vous vouliez vous pincer le nez. Inspirez pendant cinq secondes par la narine droite en soulevant votre pouce tout en gardant votre narine gauche bouchée. Retenez votre respiration poumons pleins pendant trois secondes en reposant votre pouce contre votre narine droite, puis expirez par la narine gauche pendant cinq secondes en soulevant votre majeur. Retenez votre respiration poumons vides pendant trois secondes, puis inspirez par la narine gauche. Retenez à nouveau votre respiration poumons pleins pendant trois secondes, puis expirez par la narine droite. Faites une pause de trois secondes poumons vides, puis recommencez un cycle.

Deux variantes de la respiration alternée sont possibles :

- une variante où les côtés de l'inspiration et de l'expiration sont fixes : par exemple, inspiration toujours par la narine droite et expiration toujours par la narine gauche ;

- une variante où chaque cycle respiratoire s'effectue alternativement à droite puis à gauche : on inspire et expire par la narine droite sur un cycle respiratoire, puis par la narine gauche sur le cycle suivant, et ainsi de suite.

» La respiration en flexion-extension de nuque

Dans cet exercice, il s'agit d'accompagner l'inspiration et l'expiration par un mouvement de la tête lent et maîtrisé d'avant en arrière. Attention, ne forcez jamais le mouvement de la tête : il doit simplement accompagner la respiration !

- Pendant une inspiration lente et profonde par le nez, levez doucement la tête et penchez-la vers l'arrière en ouvrant la gorge vers le ciel. Faites une pause poumons pleins pendant une à deux secondes, puis soufflez doucement en basculant la tête progressivement vers la poitrine, jusqu'à ce que votre menton touche votre thorax. Retenez une à deux secondes votre respiration poumons vides avec la nuque étirée, puis reprenez une inspiration en levant à nouveau la tête vers le ciel. Recommencez ce cycle cinq fois : tête vers l'arrière à l'inspiration, tête vers l'avant à l'expiration.

Maintenant, il ne vous reste plus qu'à vous entraîner régulièrement pour pouvoir mettre en œuvre ces différentes techniques de respiration au cours du travail. Leur mise en pratique durant l'accouchement est très simple : pendant la contraction (et uniquement pendant la contraction), utilisez l'une de ces trois techniques de respiration, puis retrouvez une respiration normale dès que la contraction est terminée. N'hésitez pas à varier les techniques de respiration au cours du travail et, si l'une d'elles ne vous convient plus, changez-en !

LES AUTRES USAGES DU SOUFFLE PENDANT L'ACCOUCHEMENT

Très précieuse également au moment de la poussée, la maîtrise de la respiration se décline de manière différente lorsqu'elle devient l'appui nécessaire à l'expulsion du fœtus. Il s'agit alors de techniques spécifiques, qui ne sont pas en lien avec la gestion de la douleur, raison pour laquelle elles ne sont pas développées ici (poussée en respiration bloquée, poussée en respiration forcée, respiration dite « du petit chien », etc.) Elles vous seront présentées lors des séances de préparation à la naissance réalisées avec votre sage-femme.

APPLICATIONS CHAUDES ET BIENFAITS DE L'EAU

Si l'on suit le principe de la diversification et de la multiplication des stimuli sensoriels au moment des contractions pour en diminuer la douleur, on se souvient qu'il y a trois types de stimuli qui peuvent entrer en concurrence avec la nociception : la vibration, la pression et la température. Voyons comment la chaleur peut nous aider à soulager les douleurs des contractions.

» L'utilisation de la bouillotte

L'application de compresses chaudes ou d'une bouillotte sur les zones douloureuses au début du travail (bas du dos, bas du ventre) peut aider lors des premiers stades. De même que la bouillotte peut soulager les douleurs de règles dans la région du sacrum ou du bas-ventre, elle est une alliée quasi systématique dans la phase de prétravail réalisée à la maison ou à l'hôpital – si les sages-femmes ont le temps de vous en préparer une !

MES ASTUCES

À la maison

Vous n'avez pas de bouillotte chez vous ? Fabriquez-en une ! Prenez une petite bouteille ou un pot en verre et remplissez le récipient d'eau bien chaude. Fermez-le hermétiquement, pour ne pas vous brûler avec l'eau chaude, et glissez-le dans un gant ou une serviette de toilette afin de ne pas mettre la paroi de verre en contact direct avec la peau. Renouvelez l'eau chaude autant de fois que nécessaire au fur et à mesure qu'elle refroidit.

Vous pouvez également vous faire une « ceinture de bouillottes » en entourant une écharpe autour de votre taille et en y glissant des bouillottes sur le sacrum et sur le bas du ventre, en veillant bien à avoir toujours une à deux épaisseurs de tissu entre votre peau et la paroi de la bouillotte.

À la maternité

Si le chaud vous fait du bien, vous pouvez prévoir des chaufferettes de ski dans votre valise de maternité. Vous n'aurez plus qu'à casser la pastille qui se trouve à l'intérieur de la chaufferette pour bénéficier d'une douce chaleur lorsque vous serez à l'hôpital et pour vous sentir comme à la maison !

» Le bain, la douche

Les femmes qui ont déjà accouché sont unanimes : l'eau fait un bien fou quand on a des contractions ! Elle procure une sensation de relâchement et de détente, par le ruissellement de l'eau sur la peau des zones douloureuses et par la relative apesanteur du corps lorsqu'il est immergé dans un bain.

MES RÉPONSES À VOS QUESTIONS SUR LE BAIN ET LA DOUCHE PENDANT LE PRÉTRAVAIL ET LE TRAVAIL

« *Quelle est la bonne température pour le bain pendant le travail ?* »

› Réglez la température de l'eau tout simplement sur votre température corporelle, donc 37 °C : ni trop chaude ni trop froide. Restez dans une zone de sensation confortable.

« *Est-ce que le bain peut arrêter le travail ?* »

› Le bain peut en effet espacer ou même arrêter les contractions, mais uniquement s'il s'agit d'une « fausse alerte », c'est-à-dire de salves de contractions douloureuses qui s'arrêtent au bout de quelques dizaines de minutes à quelques heures. Mais s'il s'agit réellement de la mise en travail, ce n'est pas un bain qui arrêtera les contractions, sinon il n'y aurait pas d'accouchements prématurés… En bref, il y a toujours un intérêt à prendre un bain, car il permet de séparer le bon grain de l'ivraie : si c'est un faux travail, il va permettre de calmer les contractions ; si c'est vraiment le travail qui s'installe, il diminue significativement le seuil de douleur. In-con-tour-nable, on vous dit !

« *Je n'ai pas de baignoire. La douche, ça marche aussi ?* »

› Si elle n'a pas tous les avantages du bain, la douche comporte des vertus intéressantes, notamment la sensation de ruissellement et de chaleur qu'elle provoque sur les capteurs cutanés. Placez un tabouret qui ne craint pas l'eau dans le bac de douche pour pouvoir vous asseoir si vous vous sentez mieux dans cette position. Vous pouvez aussi vous accroupir pendant les contractions : cela aide à bien positionner le bébé et à le faire descendre dans le bassin sous l'effet de la contraction, en plus de soulager la douleur.

« *Combien de temps faut-il rester dans l'eau pour que ce soit efficace ?* »

› Pour le bain comme pour la douche, il faut y rester au minimum dix à quinze minutes pour que cela soit efficace. Et si vous culpabilisez en vous disant que ce n'est pas une pratique très écologique, convenons que l'on n'accouche pas tous les jours et que, s'il est bien une occasion qui mérite un bain ou une longue douche, c'est celle-là !

LES POSTURES POUR GÉRER LES CONTRACTIONS SANS PÉRIDURALE

» Le triangle (à réaliser avec un·e aidant·e)

La posture du triangle est incontestablement ma préférée pour soulager les contractions du début de travail, en particulier si le bébé se présente avec le nez en l'air (dite « variété postérieure »). C'est une véritable botte secrète des sages-femmes formées à l'accouchement sans douleur, et elles ne sont pas très nombreuses à pouvoir vous la transmettre – pourtant, elle est extrêmement simple à réaliser, comme vous allez le constater ! Et diablement efficace contre les douleurs des contractions, en particulier pour soulager tout le bas du dos (sacrum, coccyx) et les parties molles du bassin. Notez cependant que cette posture nécessite une aide extérieure : vous ne pourrez donc pas la réaliser seule. Et, bien sûr, il arrive que certaines femmes ne soient pas soulagées par cette position – mais l'immense majorité d'entre elles y sont réceptives, donc c'est pour moi une astuce incontournable de l'accouchement sans douleur.

› Allongée sur le dos, repliez vos jambes et posez les pieds à plat sur le lit de façon à former un angle entre 60 et 90 degrés avec vos genoux. Une fois cela fait, prenez appui sur vos pieds et soulevez légèrement le bas du dos, comme si vous vouliez faire un demi-pont. Puis reposez doucement votre dos en déroulant lentement la colonne, vertèbre par vertèbre, afin d'avoir le maximum de contact entre votre dos et le lit – autrement dit, le but est d'avoir le dos le plus plaqué possible contre le lit. Cette première partie permet de décambrer la colonne vertébrale et donc de faciliter la progression du fœtus dans le bassin. Demandez ensuite à la personne qui vous aide de se positionner au pied du lit face à vous et d'appuyer sur vos genoux en direction de vos hanches. Il s'agit bien de pousser sur vos genoux vers l'avant (et non pas vers le bas), et ce uniquement pendant les contractions : la pression sur vos genoux doit être relâchée en dehors des contractions.

- Si vous avez mal dans le bas du dos, vous pouvez augmenter le soulagement procuré par cette posture en écrasant activement votre sacrum contre le lit, en formant des petits va-et-vient en forme de 8 avec le bas de votre dos. Cela permettra de faire un automassage et de bénéficier au maximum de la pression exercée par votre aidant·e sur vos genoux.

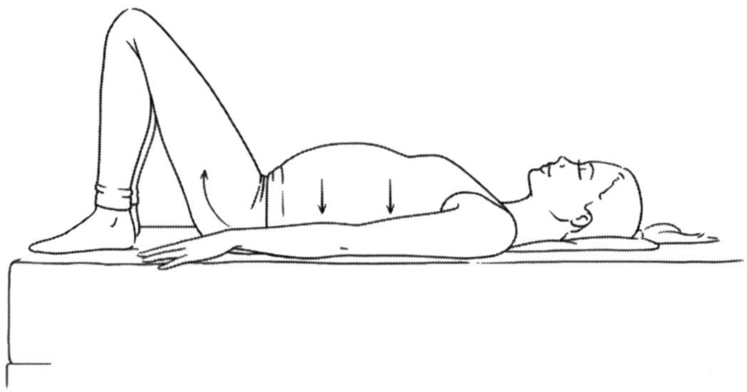

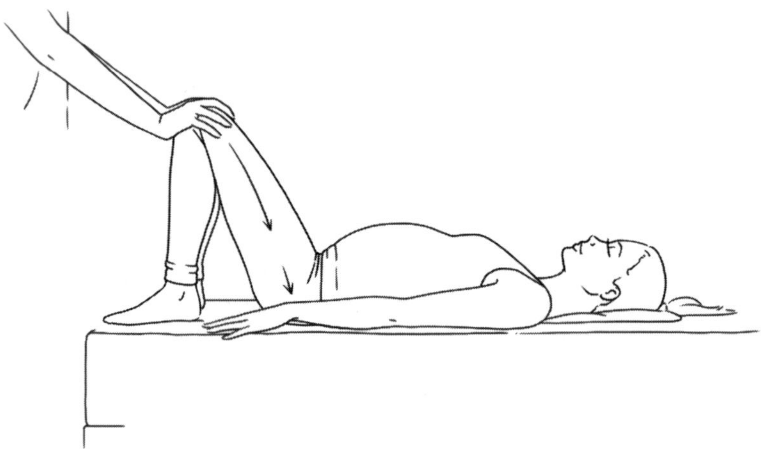

TÉMOIGNAGE DE MÉLANIE, 40 ANS

> *« Durant la première phase du travail, pendant le temps où j'avais les aiguilles d'acupuncture et où je ne pouvais pas bouger [Mélanie, qui est sage-femme, a été déclenchée grâce à l'acupuncture car elle avait perdu les eaux mais n'était pas en travail], mon conjoint exerçait une pression très forte sur mes genoux pendant que j'avais les jambes pliées, pieds posés sur le matelas. C'est une technique de rétroversion du bassin que j'avais souvent testée avec mes patientes en travail et qui semblait efficace. En effet, cette manipulation m'a énormément soulagée : donc, ça marche ! »*

» La suspension et la suspension sur ballon (à réaliser avec un·e aidant·e)

J'ai déjà eu l'occasion de parler précédemment de ces gros ballons de plastique sur lesquels on peut s'asseoir et qui vous rappellent peut-être vos séances de gymnastique de l'enfance. Ici, ce type de ballon permet de majorer les effets bénéfiques de la suspension – mais si vous n'en avez pas à votre disposition, vous pouvez tout à fait vous en sortir sans, bien évidemment !

Les postures de suspension existent sous de nombreuses variantes, plus ou moins confortables pour l'aidant·e. J'indique ici celle que j'ai toujours transmise à mes patientes lors des ateliers de préparation à la naissance et qui est donc réalisable à la maison.

- Placée sur le bord du lit ou sur un siège ballon, tendez vos bras et croisez vos doigts derrière la nuque de la personne qui vous assiste pendant le travail. Cela vous permet d'avoir une accroche suffisamment stable pour pouvoir ensuite reculer au maximum votre bassin vers l'arrière et ainsi étirer le bas de votre dos pendant la contraction. Si vous êtes sur un ballon, balancez-vous à droite et à gauche en même temps que vous vous suspendez. L'aidant·e peut placer ses bras autour de votre dos pour majorer le soutien. Une fois la contraction passée, relâchez complètement vos bras. Laissez-les pendre de part et d'autre de votre buste, aidez-vous éventuellement de mouvements des bras et des mains pour relâcher totalement les tensions dans les membres supérieurs. Reprenez la posture dès que la contraction suivante se présente.

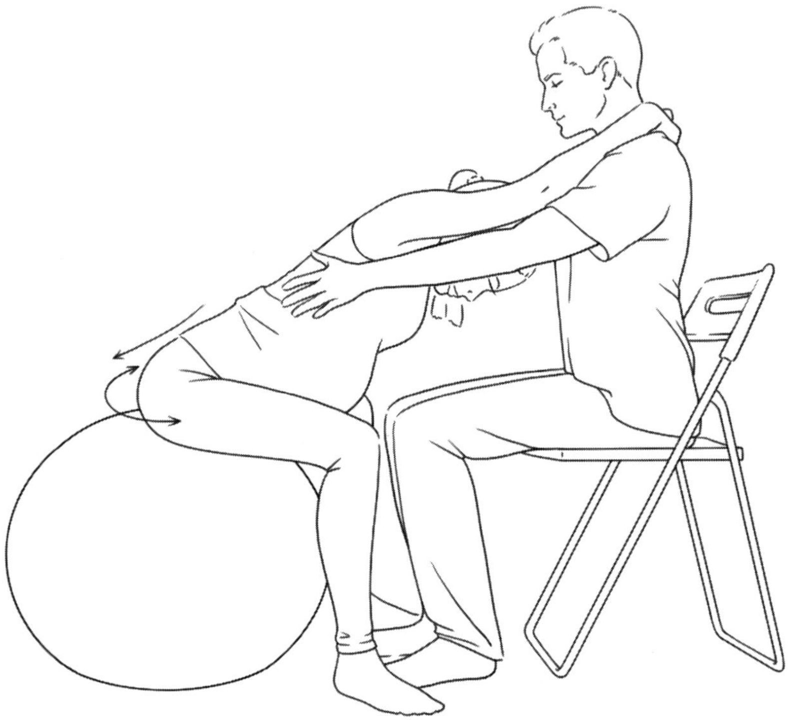

Notez qu'il existe dans les maternités différents types de suspensions fixes qui ne nécessitent pas l'aide d'une tierce personne, mais elles ne sont souvent disponibles que dans une à deux salles de naissance au sein du service – en effet, la plupart des maternités n'ont pas ce type d'équipement dans chacune de leurs salles individuelles d'accouchement. Renseignez-vous auprès du lieu où vous accouchez pour savoir si vous pourrez bénéficier de ce type de matériel : suspensions plafonnières à trapèze, à ruban ; arceau de suspension ; échelle de suspension... Dans tous les cas, quel que soit l'outil retenu, le principe reste toujours le même : avoir un support où vous accrocher pour étirer votre dos et en particulier le sacrum, bien mis à mal lors du travail et de l'accouchement.

TÉMOIGNAGE DE JULIE, 32 ANS

« Je voulais une péridurale, mais il y avait du monde alors j'ai dû attendre une bonne heure. Bon, clairement, là c'est encore moins une partie de plaisir, parce que tu dois attendre encore alors que tu es sûre de ton choix et de vouloir la péridurale MAINTENANT ! Mais ce n'était pas possible parce que l'anesthésiste était occupé dans une autre salle d'accouchement, si j'ai bien compris. Pendant cette attente, ce qui m'a bien aidée pour les douleurs, c'est de me pendre au cou du papa : cela permettait de changer les appuis du corps. Et comme cela allait quand même assez vite, je me souviens que je hurlais : "Je n'arrive pas à ne pas pousser !" De plus, je culpabilisais de hurler ainsi et de pas réussir à mieux gérer la douleur. Là encore, j'ai oublié tout ce qu'on avait vu en haptonomie... Sans doute que le papa doit être vraiment bien informé pour rappeler à la maman ce qu'on peut faire sur le moment, et cela lui donne un rôle, aussi. Parce que, pour lui, ce n'était pas simple de m'entendre hurler comme ça... »

» Le balancier accroupi

C'est une posture facile à réaliser à la maison ou en salle d'accouchement, qui ne demande pas d'aide extérieure et qui ne nécessite pour seuls accessoires… qu'une porte et sa poignée ! L'idée est de combiner trois actions qui soulagent : l'accroupissement, le balancement et la suspension. Dans les phases du travail où vous êtes libre de vos mouvements, lorsqu'une contraction commence, mettez-vous face à la tranche de la porte, accroupissez-vous et accrochez-vous à la poignée de part et d'autre, de façon à pouvoir vous suspendre. La porte pouvant pivoter sur ses gonds, elle vous permet de créer un mouvement de balancier que vous accompagnerez en déportant alternativement votre poids sur le pied gauche puis sur le pied droit. Pensez à bien étirer le dos en envoyant les fesses le plus bas possible. Ajustez votre distance par rapport à la porte afin d'obtenir cet étirement maximal en suspension. Dès que la contraction s'arrête, repassez en position debout et marchez en essayant de garder votre bassin basculé vers l'avant.

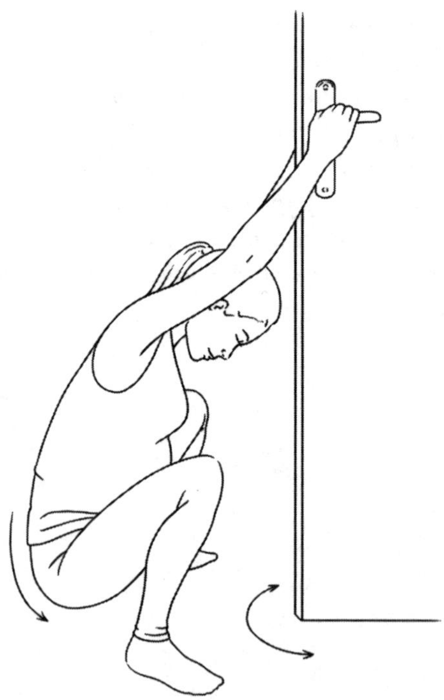

» Le chien de fusil, ou posture dite « à l'anglaise »

La posture du chien de fusil est une position qui peut être utilisée aussi bien en tout début de travail qu'au moment de la descente du bébé dans le bassin, y compris jusqu'à l'expulsion lorsque l'on souhaite accoucher sur le côté. La patiente est allongée sur le côté, les jambes repliées vers l'abdomen : cette position permet de relâcher les muscles abdominaux et d'étirer le bas du dos. Elle est particulièrement confortable pour le massage du bas du dos, surtout si l'on est fatiguée à cause de l'effort et/ou du manque de sommeil et qu'il est difficile de rester en position assise. En outre, le décubitus latéral – ce qui signifie « allongé sur le côté » dans le jargon médical – favorise les échanges vasculaires avec le fœtus en diminuant la pression de l'utérus sur les gros vaisseaux qui circulent dans l'abdomen et le thorax.

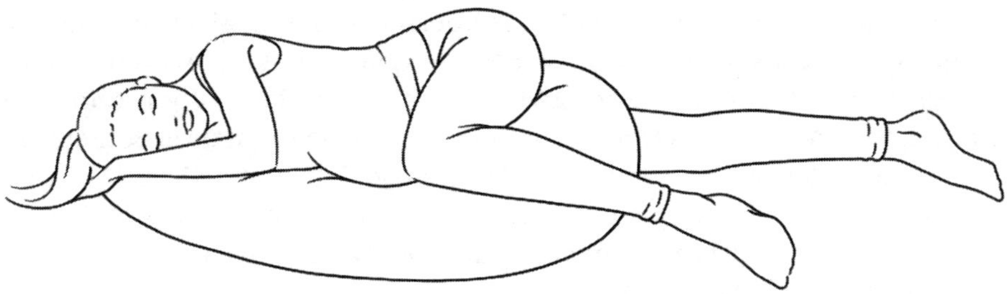

Le chien de fusil peut être rendu plus confortable en utilisant un coussin d'allaitement (ou plusieurs coussins si vous n'avez pas de coussin de forme allongée en microbilles) et en aménageant quelque peu la posture, que l'on nomme aussi « position à l'anglaise » : étendez la jambe qui se trouve en dessous (par exemple la jambe gauche si vous êtes sur le côté gauche), posez le coussin d'allaitement le long de votre corps et glissez le milieu du coussin sous votre ventre de façon qu'il soit bien calé dans l'axe de votre colonne, de sorte que votre ventre ne tombe pas vers le lit. Ensuite, repliez la jambe du dessus (donc la jambe droite si vous êtes allongée sur le côté gauche) sur le coussin, en arrangeant les microbilles afin que la partie qui se trouve sous votre jambe repliée soit suffisamment haute pour que votre genou soit ouvert de la largeur de votre bassin. Là aussi, l'objectif est que vous n'ayez pas la sensation que votre genou tombe par rapport à votre hanche : il doit être aligné dans le même plan pour éviter la fermeture de votre bassin, voire peut-être légèrement plus ouvert (donc plus haut que votre bassin) afin de faciliter la progression du fœtus dans le bassin. Cette position a tendance à augmenter les sensations d'appui sur le périnée (majoration de l'envie de poussée si elle est déjà présente).

LES MASSAGES ET LES BERCEMENTS

» Pourquoi masser ?

Le massage présente de nombreux intérêts dans la diminution de la douleur, nous en avons toutes et tous déjà fait l'expérience, ne serait-ce que lors de massages « réflexes », lorsque l'on se cogne quelque part : instinctivement, on frotte et on palpe la zone endolorie pour soulager la douleur. Lors d'un massage, il y a à la fois une action mécanique de soulagement de la douleur par le relâchement des tensions ligamentaires, musculaires et articulaires, mais aussi une action neurologique par la création d'autres stimuli sensoriels qui viennent concurrencer l'influx nerveux douloureux au niveau du cerveau et diminuent ainsi le seuil de douleur.

Les massages qui seront utiles lors du travail ne demandent aucune connaissance préalable : pas besoin d'être kinésithérapeute ou ostéopathe pour les mettre en œuvre ! Vous pouvez même pratiquer des automassages si vous êtes seule à la maison.

» Le massage sacro-coccygien : massage par un tiers et automassage

Durant le travail, surtout lorsque le fœtus se présente tête en bas avec le dos contre votre dos, les douleurs dans le sacrum, le bassin et tout le bas de la colonne vertébrale peuvent être très intenses. L'appui provoqué par les contractions sur les structures osseuses, articulaires et ligamentaires du bassin entraîne une mobilisation des articulations du bassin qui ne sont habituellement jamais sollicitées. En particulier, il existe une zone située sur la face interne de la colonne vertébrale, appelée « promontoire », qui, comme son nom l'indique, est saillante à l'intérieur du bassin. Le promontoire forme un rétrécissement du diamètre promonto-rétro-pubien (la distance interne entre l'avant et l'arrière du bassin) et la tête du fœtus va au contraire vouloir « agrandir » ce diamètre pour pouvoir passer. Les contractions de l'utérus provoquent donc également de légers déplacements osseux au niveau du bassin, ce qui occasionne des douleurs. Les massages de la zone sacro-coccygienne depuis le bas du dos jusqu'au début du sillon interfessier permettent de soulager une partie des tensions générées en interne par les appuis fœtaux.

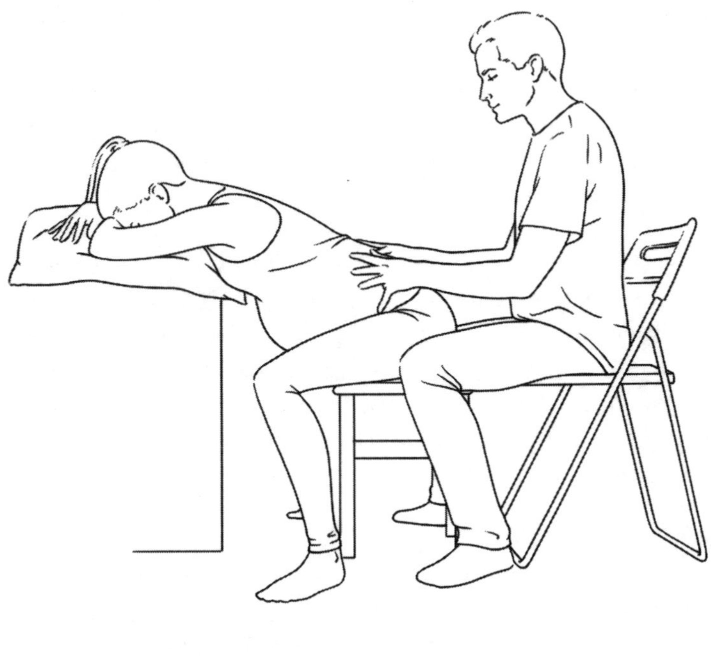

COMMENT S'Y PRENDRE ?

Si vous êtes aidée

Au cours du travail, pendant que vous devez gérer les contractions à la maison, les massages peuvent vous aider à gagner quelques précieuses demi-heures avant de partir à la maternité... Si vous n'êtes pas seule durant cette phase, munissez-vous d'une huile alimentaire, de préférence bio, type tournesol, olive ou colza. Demandez à la personne qui vous aide de verser l'équivalent d'une cuillerée à soupe d'huile dans la paume de sa main, qu'elle appliquera par des mouvements en huit au niveau du sacrum. Pour que ce massage soit efficace, il faut qu'il soit réalisé en exerçant une pression assez forte, et les « huit » doivent être décrits depuis les épines iliaques de part et d'autre du bassin afin de balayer tout le sacrum.

Un deuxième geste doit être alterné avec les « huit » : pendant la contraction (et uniquement à ce moment-là), la personne qui vous accompagne doit fermer ses poings et les poser contre votre sacrum afin de compenser la pression exercée en interne par la contraction utérine. Cet appui doit être vraiment fort, au point qu'elle devrait réussir à vous pousser si vous ne résistiez pas à l'appui. Vous pouvez d'ailleurs vous placer face à un mur et vous appuyer contre lui, mains plaquées sur la paroi et bras tendus, comme si vous vouliez le repousser. La personne qui vous aide se place derrière vous et fait contre-appui au niveau de votre sacrum. Poussez contre ses poings avec votre bassin : soulagement garanti !

À noter que ce massage n'est efficace que si les mains sont bien positionnées et que la pression exercée est suffisante. N'hésitez pas à demander à votre sage-femme qui vous suit en préparation à la naissance de vous montrer les zones sur lesquelles il faut appuyer. Elle vous montrera également la pression avec laquelle il faut appliquer les gestes, ce qui vous permettra de guider à votre tour la personne qui vous accompagnera le jour J.

Si vous êtes seule

Lorsque les contractions de travail commencent, on n'est pas forcément accompagnée dès les premières minutes... Il faut donc connaître quelques astuces pour se débrouiller en attendant que quelqu'un puisse nous rejoindre, surtout si c'est en pleine journée et que notre accompagnant est au travail !

Pour pouvoir réaliser un automassage très efficace, il vous suffit de vous munir de deux balles de tennis et d'une longue écharpe. Nouez l'écharpe autour de votre taille en laissant un pan de tissu suffisamment large pour que celui-ci englobe le bas de votre dos jusqu'au haut des fesses. Glissez les deux balles de tennis au niveau du sacrum, ou tout simplement au niveau des zones douloureuses. Adossez-vous contre un mur, avec les jambes pliées pour avoir un bon appui au sol, et effectuez de petits mouvements en appuyant les balles contre le mur et en les faisant rouler contre votre dos. Faites des mouvements de haut en bas et de droite à gauche pour masser l'ensemble de la zone. N'hésitez pas à replacer les balles de tennis si elles se déplacent trop des zones endolories.

Une variante : si vous constatez que les zones stimulées par les balles de tennis sont trop petites, prenez une gourde en métal, glissez-la horizontalement ou verticalement dans l'écharpe et faites-la rouler contre votre dos en vous appuyant contre le mur. Testez l'orientation de la gourde qui vous procure le meilleur soulagement – et n'hésitez pas à inventer vous-même d'autres techniques d'automassage !

Pour finir, une règle d'or en matière de massage : suivez vos sensations, ce sont vos meilleurs guides ! Vous sentez qu'un appui plutôt ici que là vous soulagerait mieux ? Vous avez l'impression que le massage n'est pas assez fort, ou au contraire trop intense ? Adaptez les gestes en fonction de votre ressenti, c'est ainsi que vous bénéficierez le plus des bienfaits du massage.

» Les bercements

Les bercements constituent une méthode de détente particulièrement développée dans la prise en charge en haptonomie : pour celles qui ont choisi cette approche lors de la préparation à la naissance, vous devriez avoir à votre disposition un large éventail de postures qui permettent ces bercements.

Il y a, comme pour le massage, plusieurs intérêts au bercement : tout d'abord, il est réconfortant du fait de la répétition du mouvement et des variations qu'il provoque au niveau de l'oreille interne. En effet, le balancement du corps entraîne une augmentation de l'activité cérébrale des ondes de basses fréquences, qui sont celles qui prédominent lors des phases préparatoires au sommeil profond. Le bercement est également un décontractant musculaire naturel et permet un meilleur relâchement des muscles en dehors des contractions, entraînant ainsi un abaissement global du niveau de stress. En effet, plus les contractions sont intenses et plus on a tendance à se crisper, et donc à conserver une tension dans le corps en dehors des pics douloureux. Or plus la détente du corps sera grande dans les phases d'accalmie entre deux contractions et plus celles-ci seront efficaces sur le col et la progression fœtale dans le bassin : moins vous opposerez de résistance à la contraction et plus celle-ci sera efficace sur les structures qu'elle doit modifier (le col de l'utérus, le bassin, etc.).

EN PRATIQUE

Comment faire si on n'a pas de hamac à sa disposition ? Inutile de courir en acheter un : un lit et un mur suffisent ! Vous pouvez créer des mouvements de bercement vous-même en vous allongeant sur le lit et en posant les pieds contre le mur. Calée confortablement sur le côté, repoussez régulièrement et doucement le mur comme si vous vouliez vous mettre sur la pointe des pieds. Vous ferez ainsi bouger tout le bas de votre corps jusqu'au ventre. Ajustez l'amplitude du mouvement en fonction de ce qui vous soulage le mieux. Effet hypnotique garanti ! Lorsque vous serez en salle d'accouchement, il y a souvent des cale-pieds au bout du lit : n'hésitez pas à les utiliser pour créer ce bercement pendant le travail. Tout moyen pour se détendre est bon à prendre !

Enfin, si vous êtes accompagnée, vous pouvez aussi demander à la personne qui vous aide de vous bercer. Dans ce cas, allongez-vous dans une position qui vous est confortable, avec votre accompagnant assis au niveau de vos pieds. Il doit poser ses paumes contre ceux-ci et exercer de petites pressions en direction du haut de votre corps pour provoquer le bercement (c'est le même principe que si vous aviez les pieds contre le mur). Profitez de l'intervalle libre en chaque contraction pour réaliser ces bercements et savourez le relâchement que le balancement vous procure.

L'ACUPRESSION

L'acupression est une technique dérivée de l'acupuncture, qui a pour avantage de se pratiquer uniquement au moyen de pressions avec les doigts sur certains points du corps et donc de ne pas nécessiter d'aiguilles. Elle peut être réalisée seule, ou bien assistée par quelqu'un de l'entourage lorsque les zones du corps à stimuler sont difficiles d'accès pour soi-même – exercice d'autant plus délicat lorsque l'on a des contractions ! Certains points d'acupression peuvent ainsi être sollicités pour différents usages et faciliter l'accouchement. On se concentrera ici sur les points utiles pour calmer les douleurs pendant le travail.

La société savante internationale Cochrane a publié en 2020 une revue exhaustive de la littérature existante sur l'utilisation de l'acupression et de l'acupuncture en obstétrique afin de mieux rendre compte de l'efficacité de ces méthodes dans la prise en charge médicale de la douleur pendant le travail. Les chercheurs ont ainsi consulté tous les articles scientifiques disponibles sur le sujet et évalué la qualité de chacun pour pouvoir mettre en lumière, en comparant plusieurs dizaines d'études, les éventuelles preuves scientifiques que l'on pouvait apporter – ou non – à l'intérêt de l'utilisation de l'acupression et de l'acupuncture dans le domaine obstétrical. La compilation de toutes ces études ne permet pas de déterminer spécifiquement en quoi l'acupuncture ou l'acupression contribuent à soulager la douleur du travail. Cependant, ce type d'approche dite « complémentaire » ne reposant pas sur les mêmes bases que la médecine conventionnelle, il est très difficile de faire dialoguer ces deux univers. Mon conseil : combinez les différentes approches et multipliez les moyens de lutter contre la douleur. Vous pouvez donc ajouter l'acupression à votre panoplie. Car si son efficacité reste difficile à prouver, en revanche elle ne vous fait pas courir de risques. Donc ne vous en privez pas !

» Comment réaliser de l'acupression soi-même ?

Pour mettre en œuvre l'acupression de manière efficace, je vous recommande au moins une consultation avec un·e professionnel·le médical·e spécialisé·e en acupuncture, afin que les points vous soient montrés une première fois et pour que vous puissiez ensuite les retrouver par vous-même. En effet, les points d'acupression, situés le long des méridiens, sont identifiables grâce à une sensation qui peut faire penser à celle que l'on ressent lorsque l'on appuie sur un petit hématome, mais ils ne sont pas toujours évidents à débusquer lorsque l'on ne sait pas exactement quoi chercher... À l'aide des schémas ci-dessous et en prêtant attention à vos sensations, vous devriez réussir à obtenir quelques résultats intéressants !

LES CONSEILS DE DANIELLE, SAGE-FEMME ACUPUNCTRICE : QUELQUES POINTS UTILES POUR SOULAGER LA DOULEUR ET CONTRIBUER À UN TRAVAIL HARMONIEUX

« Attention : les trois points d'acupression évoqués ci-après ne sont à utiliser qu'au cours du dernier mois de grossesse, lorsque le travail commence. Vous trouverez sans difficulté sur Internet une liste des points que les professionnel·le·s de santé activent pour aider à la mise en travail, pour aider les bébés qui se présentent par le siège à se retourner, pour aider le fœtus à descendre dans le bassin, etc. Je vous déconseille cependant d'utiliser l'acupression sur ces points sans supervision médicale.

1. Le point du gros intestin 4, ou Union de la vallée (*he gu*)

Sa localisation : ce point se situe dans le creux de la pince pouce-index de la main gauche et de la main droite, sur le dessus de la main. Pour le trouver, il suffit de coller son pouce allongé contre son index et de repérer la petite bosse de peau formée par le pli cutané entre le pouce et l'index : le point du gros intestin 4 se trouve juste au niveau de cette bosse. Vous devriez ressentir la sensation caractéristique du « petit bleu » sous vos doigts lorsque vous appuyez dessus – cela fait même un peu mal ! Pour activer le point du gros intestin 4, appliquez votre pouce de la main opposée sur le dessus du point et l'index en dessous, et réalisez de petits massages circulaires pendant une vingtaine de secondes. Répétez l'opération trois à cinq fois sur chaque main.

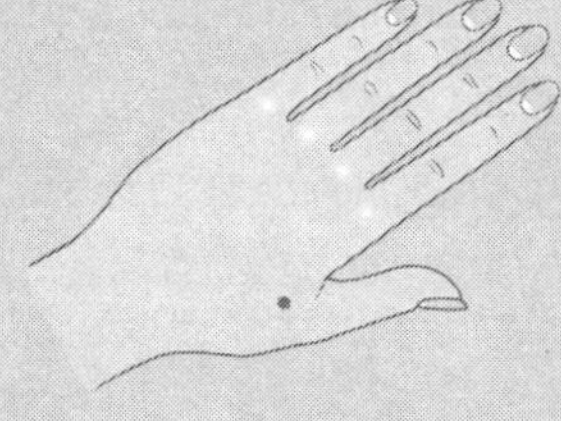

Son utilité : ce point est l'un des points majeurs de l'acupuncture et de l'acupression. Il est déconseillé aux femmes enceintes avant le dernier mois de grossesse car sa sollicitation permettrait de stimuler et de régulariser les contractions, et augmenterait leur efficacité sur la dilatation du col utérin, notamment en début de travail. Il est cependant particulièrement intéressant dans la diminution du stress et de la douleur : d'après les praticiens d'acupuncture, il semblerait que la stimulation du point du gros intestin 4 diminue la douleur pendant la phase de latence (première phase du travail). Ce point très généraliste, utilisé en dehors de la grossesse en cas de maux de tête, de tensions cervicales et dans les épaules, est un véritable « couteau suisse » que l'on peut stimuler dans de très nombreuses situations, à tel point qu'il est d'ailleurs presque systématiquement piqué par les acupuncteurs quel que soit le motif de consultation.

2. Le point de la vésicule biliaire 21, ou Puits de l'épaule (*jianjing*)

Sa localisation : ce point, présent symétriquement à droite et à gauche, est situé le long des épaules, à mi-chemin entre la base du cou et la pointe saillante de la clavicule, à peu près en regard de la ligne des omoplates. Vous pouvez le localiser en suivant la ligne de l'épaule jusqu'à trouver un léger creux. Ce point est très souvent douloureux et il faut le stimuler à plusieurs reprises pour que l'énergie circule harmonieusement à ce niveau. Si le point est particulièrement sensible, commencez par exercer une pression moyenne, puis augmentez-la à chaque stimulation. Réitérez cinq à huit fois les pressions, d'une durée de trente secondes à une minute. Pensez à activer le Puits de l'épaule à droite comme à gauche.

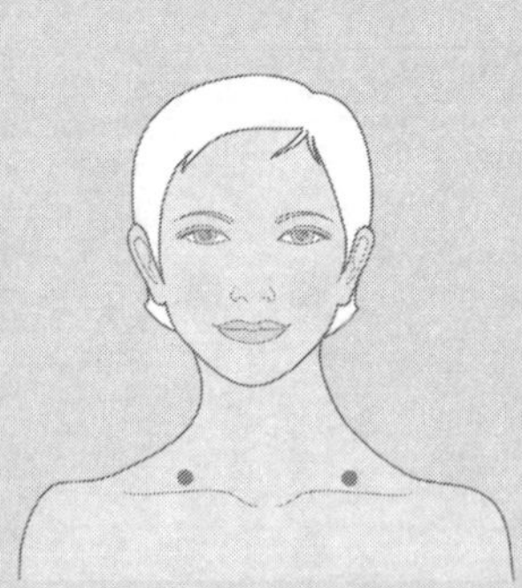

Son utilité : ce point fait circuler le *qi* – l'énergie – dans le haut du corps et permet de relâcher les tensions musculaires qui se créent dans la partie supérieure du tronc, au niveau des cervicales, des épaules et du crâne. Pendant la grossesse, il sert également à harmoniser et à activer les contractions.

3. Les points de la vessie 27 à 34, ou Trous sacrés

Leur localisation : ces huit points se trouvent en regard des trous sacrés, légèrement en haut et de part et d'autre du sillon interfessier, espacés les uns des autres de la largeur des doigts. Ils peuvent donc être stimulés tous les huit en même temps par un opérateur extérieur, de préférence pendant toute la durée de la contraction. Ils peuvent aussi être stimulés en dehors de la contraction si leur activation vous soulage efficacement.

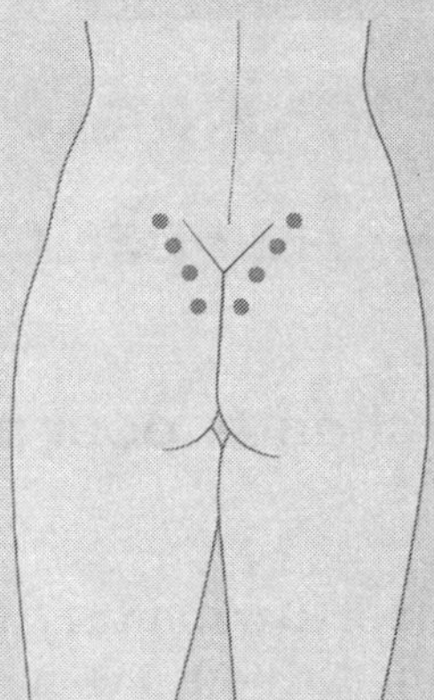

Leur utilité : ils permettent une meilleure circulation sanguine dans toute la région pelvienne et améliorent ainsi l'oxygénation des muscles, en particulier de l'utérus, ce qui permet de diminuer les sensations douloureuses qui peuvent être liées à l'ischémie tissulaire (c'est-à-dire le manque d'oxygène pour les cellules des muscles en pleine activité pendant le travail). »

» Acupression, acupuncture et réflexologie : quelles différences ?

Très proche de l'acupression, la réflexologie se concentre sur la plante des pieds, la paume des mains et le pavillon de l'oreille. Partant du principe que toutes les parties du corps sont reliées à ces trois zones, elle repose sur le postulat qu'il est possible, en stimulant certains points précis de ces trois zones, de traiter l'ensemble du corps. La réflexologie est plus complexe à mettre en œuvre par soi-même car les points sont regroupés sur une surface plus resserrée donc chaque point est plus difficile à individualiser. Si cette méthode vous intéresse, sachez que, contrairement à l'acupuncture, il n'y a pas d'obligation de formation et il n'y a donc pas la sécurité médicale que vous garantit l'acupuncture pratiquée par une sage-femme ou un médecin. Si vous souhaitez néanmoins y avoir recours, il faudra particulièrement veiller à vous adresser à un·e praticien·ne expérimenté·e auprès des femmes enceintes.

LES SONS GRAVES (LE CHANT PRÉNATAL)

» Pas besoin de savoir chanter pour profiter des bienfaits du chant prénatal !

On trouve plusieurs intérêts à la préparation à la naissance par le chant prénatal, dont la gestion de la douleur. Car, oui, le fait de chanter peut diminuer la douleur ! Étonnant, non ? Et pourtant, si l'on observe ce qui se passe quand on chante, on comprend tout l'intérêt que cela peut représenter quand il s'agit de soulager des douleurs situées dans l'abdomen et le bassin.

Lorsque l'on chante, il n'y a pas que les cordes vocales qui se mettent à vibrer : il y a une continuité vibratoire qui se crée entre le diaphragme, les poumons, la trachée et la gorge. Pour pouvoir chanter – ou, plus exactement, pour produire un son de hauteur constante pendant plusieurs secondes d'affilée (on pourrait dire « chanter une note ») –, il faut qu'une certaine pression soit maintenue, avec le diaphragme et les muscles abdominaux notamment, et qu'un certain débit d'air soit expiré de manière constante. Le fait de mettre en jeu le diaphragme et les muscles abdominaux verticalise l'utérus, le « rentre » en quelque sorte vers l'intérieur, comme si on rentrait son ventre. Par ailleurs, lorsqu'un son grave est émis, les ondes sonores ont une grande longueur d'onde, ce qui met en vibration l'ensemble de la colonne d'air qui prend appui sur le diaphragme et dont les ondulations se propagent jusqu'au périnée. Ces deux actions combinées (rétroversion de l'utérus vers l'intérieur et mise en vibration de tout le thorax jusqu'au périnée) permettent à la fois une bonne orientation du fœtus par rapport au bassin (il penche moins vers l'avant) et une détente des muscles du plancher pelvien.

TÉMOIGNAGE D'AURÉLIE, 44 ANS

« Quand j'ai enfin pu avoir la péridurale, il a fallu m'arrêter de hurler... Je ne savais pas comment faire ! Je ne sais plus si on m'a dit de le faire ou si j'ai essayé seule, mais au lieu de hurler, j'ai chanté dans le grave : et là, magie, j'ai réussi à arrêter de crier ! C'était hyperefficace pour me canaliser ! Cela m'a vraiment sauvée pour la pose de la péridurale. »

TÉMOIGNAGE DE MÉLANIE, 40 ANS

« Quand je suis passée en salle de prétravail, la sage-femme m'a examinée : le travail avait bien avancé parce que j'étais passée d'un col ouvert à un doigt à 3 centimètres de dilatation, et tout continuait à s'intensifier très rapidement. Avec mon conjoint, on continuait les positions, c'est-à-dire tout ce que j'avais appris en tant que sage-femme moi-même et que je lui avais montré rapidement pour qu'il sache comment s'y prendre : ballon, massages, etc. Mais en fait, à ce stade, plus rien ne marchait. C'est alors que j'ai commencé à paniquer ! J'ai demandé à revoir ma collègue et on est passées en salle de travail pour poser la péridurale. Juste après la pose, j'étais à 7 centimètres ! Durant tout ce temps de passage en salle et de pose de la péridurale, je m'étais mise à crier au moment des contractions. En fait, ce cri ressemblait plutôt à un chant : c'est difficile à décrire, mais à chaque contraction je lançais un "haaaaaaa" sur une hauteur de son continue et pendant toute la durée de la contraction, sans reprendre mon souffle car je le laissais sortir progressivement. Ce cri me faisait un effet au niveau de la tête car il résonnait dans tout mon crâne et me permettait de me décentrer des douleurs qui avaient lieu "en bas", et en même temps il m'aidait à pousser dans mon bassin très doucement. Je ne peux pas dire que cela m'a soulagée, car c'était toujours extrêmement douloureux et je n'attendais qu'une chose : que la péridurale fonctionne ! Mais cela m'a

aidée à ne pas rester dans la panique, à me concentrer. J'avais mon conjoint près de moi, ainsi que la sage-femme. J'ai fermé les yeux tout du long, peut-être pendant une heure, mais j'étais connectée à leurs voix. Et, entre deux contractions, on faisait des blagues ! »

» Et maintenant, essayez chez vous !

Mettez-vous debout, pieds nus de préférence, les pieds écartés de la largeur du bassin. Sentez bien l'ancrage dans le sol avec vos talons et vos doigts de pieds. Vous pouvez basculer votre poids très légèrement d'avant en arrière, en mettant le poids tantôt sur vos talons, tantôt sur vos orteils, le tout sans décoller la plante de pied du sol. Vous pouvez aussi mettre le poids de votre corps sur la jambe droite puis sur la jambe gauche, afin de bien ressentir vos appuis. Une fois la position la plus stable trouvée, basculez votre bassin très légèrement vers l'avant tout en gardant le dos droit. Pour vous aider à trouver la bonne position de bassin, vous pouvez placer une main dans le bas du dos et une main sur votre pubis. Vous devez sentir que votre bassin bascule d'arrière en avant.

Maintenant que votre position est stable et que votre bassin est antéversé, placez une main sur le thorax et une main sur votre ventre, et commencez à émettre un son grave, en prononçant la lettre O. La hauteur du son n'a pas d'importance ; ce qui compte, c'est de garder le même son pendant plusieurs secondes (il ne faut pas changer de note, mais peu importe la note qui est émise par votre voix). Commencez doucement et augmentez petit à petit le volume sonore sans changer de note, comme si vous tourniez le bouton du volume d'une chaîne hi-fi. Essayez de tenir cinq secondes avant de reprendre votre respiration. Petit à petit, essayez de tenir de plus en plus longtemps la même note, en faisant varier le volume de très faible à très fort. Quand vous faites l'exercice, soyez attentive aux vibrations que vous sentez sous vos mains au niveau de la poitrine et de l'abdomen. Lorsque vous avez une bonne perception des vibrations sous vos mains, essayez de ressentir également ces vibrations au niveau de votre périnée. Vous devriez sentir une sorte de fourmillement dans toute la région autour de l'urètre, du vagin et de l'anus.

Essayez ensuite de chanter un son un peu plus grave, puis un son un peu plus aigu. Tentez de trouver ainsi le meilleur équilibre entre l'intensité des vibrations ressenties dans le corps et le confort au niveau des cordes vocales. Si vous n'arrivez pas à ressentir les vibrations dans un premier temps, pas de panique : cela peut mettre du temps à venir. Ce sont des sensations fines, difficiles à détecter lorsque l'on n'a pas l'entraînement. Vous pouvez vous aider à vous plonger dans ces sons graves et tenus en cherchant sur Internet des enregistrements de bol tibétain ou de tanpura, un instrument indien à cordes frottées à très long manche qui produit un son tout à fait unique, très utilisé en yoga et en méditation pour entrer dans des états de semi-transe.

TÉMOIGNAGE DE JULIE, 38 ANS

> *« J'avais entendu parler du chant prénatal par une amie qui a accouché un an avant moi, mais je n'avais pas imaginé que moi aussi je pourrais intégrer un groupe de chant prénatal, parce que je suis timide et que je n'ai jamais su chanter juste, donc je n'ai jamais chanté sauf dans ma salle de bains ! Ma sage-femme m'a elle aussi parlé du chant prénatal quand on a fait l'entretien du quatrième mois et que je lui ai dit que j'aimerais me préparer à un accouchement sans péridurale. Je lui ai dit que je n'avais jamais chanté et elle m'a beaucoup rassurée, elle m'a expliqué les bienfaits du chant prénatal et les principes des sons graves, à la fois sur moi et sur mon bébé. Cela m'a convaincue d'essayer, et je n'ai pas regretté ! Au final, j'ai pris la péridurale vers 7 centimètres de dilatation parce que j'étais trop fatiguée, mais le chant m'a aidée, surtout à partir de 4 ou 5 centimètres, quand les contractions ont commencé à être vraiment plus fortes. Et le mieux, c'est quand mon copain et la sage-femme m'accompagnaient aussi dans les sons graves, cela m'aidait encore plus. »*

TÉMOIGNAGE DE NOÉMIE, 34 ANS

> *« Bizarrement, j'ai beaucoup fredonné ou chanté pendant ma longue période de travail – cela a duré vingt-deux heures ! –, et cela m'a beaucoup aidée : j'ai été surprise de trouver cette ressource en moi, c'est venu naturellement et complètement instinctivement, personne ne m'avait conseillé de le faire. Les vibrations de la voix "diluaient", je trouve, la douleur des contractions et me mettaient dans une sorte de bulle très concentrée, où j'apprenais à gérer progressivement la montée des douleurs de contractions. »*

LA PRÉPARATION EN PISCINE

La préparation à l'accouchement en piscine est accessible à toutes les femmes (sauf contre-indication de la sage-femme ou du·de la gynécologue traitant·e) et ne nécessite pas de condition physique particulière. Au contraire, elle est parfaitement adaptée aux femmes enceintes qui souffrent de maux de dos ou de troubles de la circulation sanguine, car l'apesanteur relative que permet la flottaison soulage d'une part les muscles, ligaments et articulations, très sollicités par le poids supplémentaire qu'il y a à porter, d'autre part active la microcirculation sanguine grâce aux mouvements de l'eau.

Attention : la préparation à la naissance en piscine n'a rien à voir avec le fait de vouloir accoucher dans l'eau. Elle est avant tout une technique proposée par les sages-femmes pour vous aider à vous approprier votre corps modifié par la grossesse. Cette préparation à l'accouchement se déroule en général dans des piscines municipales ou des clubs de sport proposant un accès à un bassin chauffé. C'est le plus souvent une sage-femme libérale ayant passé une convention avec le lieu qui vous accueillera qui animera les séances. Leur déroulement est variable et la sage-femme adapte le plus souvent le contenu de chaque atelier en fonction des particularités du groupe : maux de dos, maux de jambes, stress… Différents exercices sont proposés pour permettre de relâcher les tensions du corps et de l'esprit, aidés de multiples accessoires qui facilitent les mouvements dans l'eau (planches, frites, flotteurs). L'eau est également un très bon élément pour s'entraîner à maîtriser son souffle ; de nombreux exercices autour de la respiration, mais aussi de la détente, sont généralement proposés.

TÉMOIGNAGE DE MARINE, 36 ANS

> *« J'étais enceinte pendant l'été : j'ai le souvenir d'avoir eu terriblement chaud et d'avoir cherché par tous les moyens à me soulager de cette sensation de bouillir de l'intérieur. Du coup, la piscine a été comme un refuge pour moi. Je n'ai pas suivi de cours spécifiques, mais le simple fait d'être dans l'eau faisait un bien fou, à la fois pour me rafraîchir mais aussi pour me sentir plus légère. »*

MON CONSEIL SUR LA PRÉPARATION À LA NAISSANCE EN PISCINE

Comme toute séance de préparation à la naissance, les ateliers en piscine peuvent être remboursés, partiellement ou entièrement, par la Sécurité sociale si c'est un médecin ou une sage-femme qui les réalisent. Cependant, cette préparation est rarement suffisante car des éléments essentiels ne sont généralement pas abordés durant ces séances. Elles sont donc la plupart du temps un bon complément à une préparation « traditionnelle » mais ne permettent pas forcément de faire le tour de vos questions car moins de temps est accordé à la parole. De plus, les atmosphères de piscine sont généralement bruyantes et ces lieux ouverts ne permettent pas de préserver la confidentialité. Vous pouvez donc réaliser autant de séances de préparation en piscine que vous le souhaitez, mais ne faites pas totalement l'impasse sur la préparation à l'accouchement individuelle ou en petit groupe pour autant !

TÉMOIGNAGE D'ANNE-CLAIRE, 35 ANS

« On a déménagé quelques mois avant la naissance de mes jumeaux : on a quitté Paris pour Grenoble. Moi, je suis plutôt une montagnarde, j'adore la randonnée et j'ai continué à marcher jusqu'à tard malgré la grossesse et les loulous qui prenaient sacrément de place. Mais je dois dire que, pour une fois, c'est à l'eau que je dois rendre hommage. C'est elle qui a sauvé la fin de ma grossesse. J'avais le dos en compote, le bassin en vrac, et j'étais crevée parce que mon aînée, qui avait tout juste 2 ans et demi me demandait encore beaucoup les bras – je fais une parenthèse, mais ça, c'est un truc auquel je ne m'étais pas vraiment préparée et qui m'a fait beaucoup de peine pendant un temps : le fait que j'allais être assez vite limitée physiquement et donc ne plus pouvoir m'occuper de ma fille comme avant, cela a été difficile.

Pour en revenir à l'eau et à ses effets sur la douleur, pour moi, cela a été plus que précieux, cela a été une nécessité. J'allais nager deux fois par semaine, et j'ai aussi fait la préparation en piscine, mais plutôt pour le plaisir d'être dans l'eau que pour ce que je pourrais apprendre pour le jour J – déjà parce que j'avais déjà accouché une première fois, mais surtout parce que c'étaient des jumeaux, donc je savais que je n'aurais pas le choix : ce serait une péridurale obligatoire (et j'ai évité de peu la césarienne programmée, mais cela aurait pu être mon cas). Donc, la préparation en piscine, je peux dire que je l'ai faite vraiment dans une optique de détente. Au final, je ne sais pas si, pour les femmes pour qui c'est le premier accouchement, c'est vraiment suffisant... Dans tous les cas, les ateliers que j'ai eus ici m'ont semblé être assez loin de ce que j'avais eu comme préparation à la naissance à Paris pour ma fille aînée. Ici, la préparation en piscine était plus proche d'un cours de gym que d'un atelier de préparation à l'accouchement ; mais moi, cela m'allait parfaitement vu que je n'avais pas spécialement besoin de réentendre tout ce que j'avais déjà vu. »

LE YOGA PRÉNATAL

De nombreuses offres de yoga prénatal sont aujourd'hui proposées, avec des programmes variés et adaptés au niveau de chacune. Cette pratique est tellement vaste qu'elle mériterait un manuel complet à elle seule, aussi ne verrons-nous ici qu'une brève présentation des intérêts du yoga prénatal – et postnatal ! – ainsi que mes recommandations pour l'exercer en toute sécurité.

Le yoga est, à l'origine, une pratique spirituelle qui mobilise le corps pour atteindre une clarté de l'esprit et un apaisement du mental. Il est sous-tendu par une philosophie non dualiste de l'individu, c'est-à-dire que corps et mental sont non seulement reliés mais sont une seule et même chose et forment une unité : la personne. Sa pratique s'est transmise de générations de maîtres en générations d'élèves et s'est profondément modifiée et diversifiée au cours du temps. La diffusion du yoga en dehors de son Inde originelle est relativement récente mais foisonnante, et il y a aujourd'hui presque autant de pratiques que de praticien·n·es ! Vous trouverez donc très certainement votre compte parmi l'une de ses innombrables pratiques : axée plutôt sur la détente et la gestion du stress, plutôt sur la méditation, plutôt sur la conscience du corps... Les bienfaits que l'on peut retirer du yoga sont donc nombreux pour peu que l'on soit bien accompagnée. Aussi, n'hésitez pas à faire une séance d'essai avant de vous engager sur cinq, dix séances ou plus, et testez plusieurs approches pour savoir celle qui vous convient le mieux.

Si vous avez du mal à capter les sensations de votre corps – par exemple, quand vous avez mal quelque part, si vous avez des difficultés à décrire précisément la zone qui fait mal et le type de douleur que vous ressentez –, ou bien si vous avez un sens de l'équilibre un peu fragile, ou encore si vous avez tendance à être maladroite, à vous cogner dans les meubles ou à faire tomber des objets..., le yoga est particulièrement indiqué ! En effet, il vous permettra d'améliorer votre proprioception et votre conscience corporelle, ce qui est d'autant plus important quand le corps change à toute vitesse pendant la grossesse.

» Quel est l'intérêt du yoga sur la réduction de la douleur de l'accouchement ?

Du fait de la diffusion massive du yoga prénatal comme méthode complémentaire de préparation à l'accouchement, différentes études ont été menées afin de déterminer les bénéfices qui pourraient être retirés de cette pratique. Citons en particulier une étude de 2017 menée par l'équipe de Fereshteh Jahdi, qui a eu pour objectif d'étudier les effets d'un programme de yoga prénatal sur la perception de la douleur du travail chez la mère et d'analyser ses effets sur le vécu de l'accouchement. Menée auprès de soixante femmes âgées de 18 à 35 ans pour qui c'était un premier accouchement, l'étude a consisté à comparer ce vécu entre celles qui avaient suivi un programme de yoga prénatal et un groupe témoin sans yoga. Le niveau de douleur et d'inconfort a été mesuré à plusieurs reprises pendant la durée du travail parmi l'ensemble des femmes participant à l'étude : il est apparu que les participantes du groupe témoin (sans yoga) ont signalé une intensité de la douleur plus élevée que celles du groupe qui avaient suivi le programme de yoga. Par ailleurs, les mères du groupe ayant suivi le cours de yoga ont eu besoin d'une fréquence moindre de déclenchement du travail par rapport au groupe témoin, et ont été aussi moins nombreuses à subir une césarienne. Enfin, l'étude retrouve une durée plus courte des deuxième et troisième phases du travail chez les femmes qui ont suivi le programme de yoga. Si l'étude est de trop faible puissance pour pouvoir conclure à un bénéfice direct du yoga prénatal, ces premiers résultats montrent une corrélation entre sa pratique et la réduction de la durée et de la douleur du travail chez les femmes qui suivent ce programme.

TÉMOIGNAGE D'INÈS, 31 ANS

> *« Je n'avais jamais fait de yoga avant ma grossesse et c'est en regardant l'émission des* Maternelles *à la télévision que j'ai vu qu'il existait du yoga prénatal : à partir de ce moment-là, j'ai absolument voulu faire du yoga parce que cela avait l'air génial ! Là, je suis enceinte de sept mois et demi et j'ai trouvé un cours juste à côté de chez moi avec un kiné qui s'est spécialement formé au yoga prénatal : c'est top ! »*

» Comment choisir son cours de yoga prénatal ?

Si vous n'avez jamais fait de yoga avant la grossesse, ou seulement une initiation, choisissez un atelier qui se concentre sur les techniques respiratoires, la détente et la prise de conscience des différents muscles, en particulier ceux du périnée, que l'on connaît souvent très mal. Ce sera donc un yoga doux, centré sur l'apprivoisement des sensations et la maîtrise du souffle.

Si vous avez déjà une pratique avancée du yoga, privilégiez un travail ciblé, de préférence avec une sage-femme ayant une certification de professeure de yoga. Elle vous indiquera les postures que vous pourrez conserver en toute sécurité de votre pratique habituelle et celles qu'il faut proscrire, et vous montrera comment adapter les exercices au fur et à mesure de la croissance du volume utérin. Elle pourra également adapter les séances selon votre terme et les spécificités de votre situation (sciatique, fœtus en présentation du siège, grossesse gémellaire...).

Si vous choisissez de pratiquer le yoga prénatal avec une sage-femme, il est possible, tout comme pour la préparation en piscine, qu'une partie des séances soient prises en charge au titre de la préparation à la naissance et à la parentalité, remboursée par la Sécurité sociale. Dans ce cas, les séances sont souvent associées à un temps d'explications et d'échanges spécifiquement autour de l'accouchement et du post-partum. Cependant, veillez à ce que ces temps de parole soient effectivement présents dans les séances de yoga prénatal, surtout pour un premier enfant : le yoga prénatal, en effet, ne doit pas remplacer une préparation à la naissance « traditionnelle » avec une sage-femme, car l'un ne peut se substituer à l'autre.

ATTENTION

En cas de menace d'accouchement prématuré, d'antécédents médicaux de contre-indication de la pratique sportive et plus généralement de toute complication de grossesse qui nécessiterait une précaution particulière dans votre activité quotidienne, il est impératif de demander l'avis à votre praticien·ne de référence avant de vous engager dans une pratique de yoga, *a fortiori* si la personne qui anime les cours n'est pas sage-femme ou médecin.

Enfin, pour les grandes adeptes, il existe aussi le « baby yoga » : le yoga avec votre bébé ! L'offre est encore limitée pour l'instant car peu de personnes sont formées, mais ce type de pratique tend à se développer de plus en plus. Si l'aventure vous tente, n'hésitez pas à demander à votre professeur·e de yoga prénatal ou à votre sage-femme s'il existe des ateliers proches de chez vous !

TÉMOIGNAGE DE VIRGINIE, 37 ANS

> *« Je discute avec beaucoup de copines assez dithyrambiques sur tout ce qui est préparation en piscine, yoga prénatal, haptonomie, préparation ceci, préparation cela. J'ai l'impression que tout cela est un peu un effet de mode – en tout cas, cela ne me parle pas vraiment. Je n'ai rien cherché en particulier, j'ai fait les choses à ma sauce en suivant mon intuition. Et comme je fais du yoga régulièrement depuis le premier confinement, j'ai simplement continué à faire comme je faisais, malgré la grossesse. Cela dit, je me rends compte que je fais plus attention à ce que je fais, et puis j'évite certaines postures qui compriment le ventre. Mais c'est plus de la superstition qu'autre chose : je n'en suis qu'à quatre mois de grossesse, donc je ne peux pas dire que je suis déjà gênée par mon ventre. »*

SE PRÉPARER : LES TECHNIQUES DE MODIFICATION DE L'ÉTAT DE CONSCIENCE ET DE MÉDITATION

Popularisées grâce au développement des réseaux sociaux et des contenus numériques disponibles sur Internet, les techniques de modification de l'état de conscience, telles l'hypnose ou la sophrologie, sont devenues accessibles à tous, gratuitement ou à prix très raisonnable. De nombreuses applications sur Smartphone ou tablette proposent ainsi des séances de méditation guidée ou d'hypnose, dont certaines peuvent s'avérer très utiles. Cependant, elles ne doivent être qu'un complément dans le cadre d'une préparation spécifique à l'accouchement. En effet, elles nécessitent un accompagnement personnalisé, réalisé par un·e professionnel·le spécifiquement formé·e : c'est grâce à cet accompagnement personnalisé que vous pourrez atteindre le niveau d'autonomie dans la pratique de l'hypnose, de la sophrologie ou de la méditation, selon ce qui aura votre préférence parmi ces techniques, nécessaire à sa bonne mise en œuvre au moment du travail. Néanmoins, si vous ne pouvez pas avoir accès à un·e thérapeute, ne vous privez pas pour autant du recours à des applications ou à des vidéos en ligne – mais essayez-en un certain nombre, et suffisamment tôt dans la grossesse, afin d'avoir le temps de trouver ce qui sera le mieux adapté à vos besoins : étant donné l'étendue de l'offre en la matière, vous avez littéralement l'embarras du choix, il faut donc pouvoir comparer, tester, éventuellement changer de support voire d'approche pour rester au plus près de vos besoins.

Dans la section qui suit, je vous présente trois manières différentes de modifier son état de conscience. Elles ont chacune, par des voies différentes, un même but : celui de vous faire passer de l'état de conscience normal, celui de la vie éveillée, à un état de conscience différent. Dans l'hypnose, l'autohypnose et la sophrologie, il s'agit d'atteindre un état de conscience d'un degré inférieur, à la limite entre la veille et le sommeil. On appelle cela l'état « hypnagogique » ; il correspond à des fréquences vibratoires du fonctionnement cérébral inférieures à celles de l'état de veille consciente. Dans la méditation, il s'agit au contraire d'atteindre la pleine conscience, donc la perception la plus claire possible de la réalité de l'instant présent.

Vous vous demandez peut-être vers quelle technique vous devriez vous tourner ? S'il est difficile de répondre catégoriquement à cette question, voici quelques éléments de base qui pourraient vous aider à faire un choix :

- si, dès la grossesse, vous êtes angoissée par la douleur, que vous ressentez des peurs concernant votre enfant ou votre santé, que vous avez peur de l'accouchement ou de la césarienne... alors l'hypnose est sans doute la première technique à essayer pour désamorcer ces peurs et travailler en profondeur sur les ressorts de ces angoisses ;
- si vous êtes sereine par rapport à l'accouchement mais que vous voulez améliorer votre gestion de la douleur, vous trouverez sans doute des outils à vous forger dans la pratique de la méditation de pleine conscience ou de la sophrologie. Pour choisir entre ces deux approches, tout dépend de votre tempérament et de vos attentes vis-à-vis du vécu de l'accouchement : la sophrologie aura plutôt pour but de détourner votre conscience de la douleur et de vous amener dans un état hypnagogique, en faisant appel à des autosuggestions et à des visualisations, tandis que la méditation de pleine conscience vous fera au contraire porter votre attention sur l'accueil, l'observation et l'acceptation des sensations douloureuses dans la plus grande neutralité possible.

Surtout, n'hésitez pas à vous faire conseiller par votre praticien·ne référent·e, qui sera sans doute la personne la plus à même de vous aiguiller en fonction des besoins que vous exprimez. En tout cas, préférez toujours un·e thérapeute issu·e du milieu médical ou paramédical : médecin, sage-femme, infirmière de salle de naissance... Il est nécessaire que la personne qui vous accompagne connaisse extrêmement bien l'univers hospitalier, et idéalement il faut un·e praticien·ne qui travaille – ou a travaillé – en maternité. Cet élément est essentiel lorsque la méthode de modification de l'état de conscience implique des visualisations en anticipation du moment de l'accouchement.

L'HYPNOSE

De très nombreux usages de l'hypnose existent, y compris l'hypnose de spectacle, qui n'a de point commun avec l'hypnose thérapeutique que ses voies d'action, mais dont les buts sont évidemment différents. L'hypnose pratiquée par un·e thérapeute a deux grandes applications en obstétrique : la préparation à la naissance et l'analgésie peropératoire. Cette dernière est mise en œuvre par les anesthésistes ou le personnel soignant afin de supprimer la douleur et l'anxiété sans avoir recours à des médicaments. Des opérations chirurgicales peuvent ainsi se dérouler entièrement sous hypnose lorsque le personnel soignant est formé à ces techniques ! Plus fréquemment, et de manière moins spectaculaire, lorsque des professionnel·le·s de santé exerçant en maternité sont formé·e·s à l'hypnose, ils et elles la pratiquent pour la pose de perfusions ou de cathéters de péridurale, pour aider à l'utilisation d'instruments (forceps, spatules) ou encore dans le cas de révisions utérines sans analgésie locorégionale. Dans ce type d'usage très ponctuel, il n'est pas nécessaire d'avoir déjà participé à des séances d'hypnose pour tomber en état d'hypnose légère ou profonde. En revanche, l'usage de l'hypnose à des fins antalgiques pendant la durée du travail nécessite une pratique plus autonome : c'est l'auto-hypnose. Celle-ci doit avoir été suffisamment pratiquée en amont pour que vous soyez en mesure, malgré la douleur et l'inconnu relatif de l'environnement de la salle de naissance (perfusion, monitoring des contractions et du rythme cardiaque fœtal, tensiomètre, lumières, sons, inconfort de la table de soins, etc.), de vous retrouver en état hypnagogique.

» Principes de l'hypnose et de l'auto-hypnose en préparation à l'accouchement

Il existe une multitude de sous-catégories de la pratique de l'hypnose, qui signent un rattachement à des traditions et à des approches légèrement différentes. L'hypnose ericksonienne est l'un des courants les plus représentés en France, et elle est particulièrement adaptée en pratique obstétricale, en permettant de passer facilement de l'hypnothérapie avec un·e professionnel·le à l'auto-hypnose en autonomie. En effet, la phase d'induction – c'est-à-dire la phase d'entrée en état d'hypnose – sera guidée par le thérapeute en séance mais pourra ensuite être reproduite à la maison, soit grâce à un enregistrement des séances réalisées au cabinet, soit par l'apprentissage de gestes qui permettront de retrouver seule la voie de l'induction (par exemple, toucher son pouce avec son index alternativement avec la main droite et la main gauche), soit par le visionnage de vidéos – tout dépend de l'approche inductive utilisée par le·la thérapeute.

Une fois que la personne est arrivée en état d'hypnose, le·la thérapeute peut commencer le travail hypnologique à proprement parler. Il·elle peut poser des questions, ce qui lui permet d'identifier les points de blocage ou les peurs. Il·elle pourra ensuite moduler la perception de ces angoisses par des suggestions qui permettront de transformer le rapport inconscient à ces peurs.

L'auto-hypnose, dans son usage obstétrical, a principalement des vertus de relaxation et de diminution du seuil de la douleur pendant le travail et l'accouchement. Elle suit le même déroulé que l'hypnose guidée par un·e thérapeute (mise en condition, induction, hypnose), à la seule différence près qu'elle s'effectue seule. Elle peut se pratiquer en autonomie (livres, vidéos, applications sur Smartphone… spécialement dédiés à l'auto-hypnose obstétricale), mais nécessite un entraînement régulier et assidu si la technique n'a pas été acquise auprès d'un·e thérapeute.

LA SOPHROLOGIE

La sophrologie est une technique si proche de l'hypnose qu'il est difficile de dessiner une frontière nette entre ces deux pratiques, la première étant une branche dérivée de la seconde. Ce sont leurs fondements théoriques qui permettent de distinguer hypnose et sophrologie, mais la pratique reste très proche : le·la thérapeute guide avec sa voix le·la patient.e, qui est allongé·e ou en position semi-assise, pour le plonger dans un état de semi-conscience. L'une et l'autre pratiques utilisent des visualisations et des suggestions afin d'induire une transformation du rapport à certains objets (angoisses, appréhensions, troubles compulsifs, etc.).

» La préparation à la naissance en sophrologie

Les sages-femmes formées à la sophrologie peuvent proposer une préparation à la naissance combinant des séances classiques et des séances avec sophronisation, et organisent leur pratique en fonction des besoins et des souhaits des patientes. La sophrologie est particulièrement appréciée par les femmes qui souhaitent accoucher sans péridurale ou repousser le moment de sa pose. Cependant, comme l'hypnose, elle demande une pratique régulière et encadrée, au moins dans les premiers temps d'appropriation de cette technique. Une information importante au passage : sachez que seule une préparation à la naissance réalisée par une sage-femme ou un médecin peut être prise en charge par la Sécurité sociale. Aussi, si vous souhaitez vous préparer à votre accouchement avec l'aide de la sophrologie, vous ne pourrez prétendre à tout ou partie du remboursement de cette préparation (dans la limite de huit séances) uniquement si celle-ci est délivrée par un·e professionnel·le médical·e.

TÉMOIGNAGE DE CLAIRE, 35 ANS

> *« Quand j'ai été enceinte de mon premier fils, j'avais envie d'essayer d'avoir un accouchement le plus physio possible, mais j'avais certaines peurs liées à la douleur, et d'autres liées au fait qu'on me disait que mon bébé était gros : j'imaginais que le fait qu'il soit situé dans le haut des courbes pourrait rendre mon accouchement plus difficile. J'ai demandé à une amie qui est sage-femme si elle avait quelqu'un à me conseiller pour faire de la sophrologie ; elle m'a donné le numéro d'une de ses anciennes collègues, une infirmière avec qui elle avait travaillé en salle d'accouchement et qui s'était installée en libéral pour faire de la sophro. Je n'avais jamais fait de sophrologie ni d'hypnose avant, juste quelquefois des séances de méditation avec des "scans corporels", où la conscience voyage depuis les pieds jusqu'à la tête, etc. Là, c'était tout nouveau d'avoir ce rythme de la voix, ces visualisations, cette sorte de transe/détente totale dans laquelle cela te place. Je ne sais pas comment cela se passe avec d'autres personnes, mais moi, Marthe me faisait choisir mes visualisations : on en discutait avant et après chaque séance. Ainsi, on adaptait en fonction de mes besoins d'une séance à l'autre. Je pense que cela m'a permis d'aller très loin dans la pratique en un temps finalement assez court. »*

TÉMOIGNAGE DE CÉCILE, 28 ANS

> *« La sophro, ç'a été absolument génial. Tout simplement génial ! Non seulement chaque séance était top, mais en plus cela m'a vraiment aidée pour l'accouchement. Je me recréais ma bulle à chaque contraction, j'arrivais à retrouver complètement les sensations de détente dans laquelle me met la sophro. Même quand j'étais quasi à dilatation complète, cela continuait de fonctionner ! Cela m'a vraiment donné beaucoup de confiance en moi et je pense que, sans cela, je n'aurais pas réussi à accoucher sans péri. »*

LA MÉDITATION DITE « DE PLEINE CONSCIENCE »

Contrairement à l'hypnose ou à la sophrologie, qui se pratiquent généralement en position allongée ou semi-assise et amènent à un état de relâchement musculaire qui peut parfois induire la perte de la perception de tout ou partie du corps, la méditation de pleine conscience fait appel au maintien du tonus musculaire. S'appuyant sur une perception continue des sensations corporelles, elle trouve son origine dans les pratiques de méditation rattachées aux coutumes religieuses hindoues, bouddhistes, taoïstes ou encore shintoïstes. Il existe énormément de types de méditation, aux philosophies sous-jacentes diverses et avec des pratiques plus ou moins exigeantes. Parmi les plus accessibles, la méditation dite « de pleine conscience » est celle qui a été la plus popularisée ces dernières années et rencontre une adhésion massive à la fois comme pratique de développement personnel, d'amélioration du bien-être physique et psychique, et comme un outil important dans la gestion du stress au quotidien. C'est en raison de ces différentes vertus qu'elle peut trouver une place de choix dans une préparation à la gestion de la douleur et de l'anxiété au moment de l'accouchement.

» Mes conseils pour pratiquer la méditation de pleine conscience

Il existe différents moyens d'entrer dans un état de méditation de pleine conscience. Le but recherché n'est pas de se vider l'esprit de nos pensées et du flot de paroles continu qui nous habite, mais au contraire de ne pas attacher d'importance aux pensées et de les laisser passer, sans s'attarder sur l'une ou sur l'autre. L'état recherché ressemble un peu à la sensation que l'on peut avoir lorsque l'on se place devant la fenêtre d'un train : le paysage défile tellement vite que l'on ne peut pas saisir les contours des éléments qui s'y trouvent. Si l'on pose son regard sur un objet à l'extérieur et que l'on tourne la tête pour pouvoir le suivre du regard encore quelques instants, il faut un certain effort pour revenir de face et voir à nouveau le paysage défiler indistinctement. C'est ce même exercice qui est réalisé lors de la méditation de pleine conscience : chaque fois que l'on s'aperçoit que l'on a posé notre attention sur une pensée, on se replace face au flot des pensées en se concentrant sur quelque chose : la respiration, un objet, une phrase, etc.

Étape 1 : choisir la durée durant laquelle on veut méditer

Si l'on débute dans la pratique de la méditation, mieux vaut commencer par des séances très courtes puis augmenter progressivement la durée : commencez par cinq minutes chaque jour pendant trois jours, puis dix minutes pendant cinq jours, puis quinze minutes pendant une semaine, puis vingt minutes, etc., jusqu'à atteindre le temps que vous souhaitez consacrer à la méditation dans votre quotidien. Mieux vaut une pratique courte mais très régulière que d'essayer de méditer longtemps mais une seule fois par semaine. Arriver à méditer au moins vingt minutes quatre fois par semaine est un excellent objectif et permet une amélioration notable du stress et de l'anxiété !

Étape 2 : choisir son point d'ancrage

Il existe plusieurs ancrages qui aident à rester dans l'état de méditation de pleine conscience, c'est-à-dire totalement connecté à la conscience du corps dans le moment présent, sans être happé par les pensées. Ainsi, on peut choisir de se rattacher, chaque fois que l'on se rend compte que l'on s'est perdue dans ses pensées, à :

- sa respiration : prendre conscience du mouvement du ventre, des côtes, du thorax, de l'air qui entre et sort au niveau des narines ;

- un scan corporel : prendre conscience de chaque partie de son corps, des pieds à la tête en passant par le bout de chaque doigt ;
- un objet mental que l'on a choisi avant d'entrer en méditation : cela peut être une image d'un lieu qui nous est cher et nous évoque le calme et la sérénité, ou bien une phrase (aussi appelée « mantra ») qui nous inspire, et qui peut être répétée intérieurement ou à haute voix ;
- un objet matériel : on peut méditer devant une bougie, un galet, une fleur, un dessin abstrait, etc., que l'on observe et vers lequel on dirige toute notre attention.

UNE RÈGLE D'OR : NE JAMAIS SE JUGER ET FAIRE PREUVE DE BIENVEILLANCE ENVERS SOI-MÊME

Vous n'arrivez pas à méditer régulièrement ? Ou autant que vous le souhaiteriez ? Aucune importance ! Chaque moment où vous avez essayé de méditer est un moment que vous vous êtes offert, et c'est ce qui compte dans cette démarche.

TÉMOIGNAGE DE SOPHIE, 33 ANS

« Quand j'ai décidé de commencer la méditation de pleine conscience, j'étais enceinte d'environ trois mois. Je me souviens que j'en ai ressenti le besoin à partir du moment où j'ai dû annoncer à mon boss que j'étais enceinte : énorme stress ! On m'a mis une pression assez considérable, parce que, dans le milieu de la mode, c'est compliqué de ne pas être disponible à 200 % tout le temps : on nous en demande toujours plus. Là, cela devenait indispensable de trouver un moyen d'avoir une soupape, de prendre du recul et surtout de faire diminuer le stress, parce que je sais que ce n'est pas bon pour le bébé. Donc, j'ai pris cela comme un temps que je m'offrais au quotidien, et aussi comme une manière de me mettre dans les bonnes dispositions pour accueillir mon bébé. Maintenant que je suis en congé maternité, je ne ressens plus le besoin de faire mes quinze minutes de méditation chaque jour, mais pendant près de quatre mois, j'ai fait cela tous les jours de la semaine, en marchant vers le boulot. J'ai téléchargé une appli qui me permettait de faire une méditation de pleine conscience assistée, pendant que je marchais. Du coup, cela n'a rien ajouté à mon emploi du temps, j'ai simplement transformé mon temps de marche entre mon domicile et la station de RER. Avant, je l'utilisais en général pour appeler ma mère ou les copines, mais là j'ai pris cette habitude de méditer tous les

matins avant de prendre les transports, et parfois au retour à la maison, le soir, pour faire un sas de décompression, histoire de laisser au boulot les problèmes du boulot. Maintenant que je suis en arrêt, je n'ai plus ce stress quotidien des deadlines *et du travail en retard, mais peut-être que je vais réfléchir à faire des méditations plus orientées vers des projections sur l'accouchement, l'après, etc. »*

» Comment intégrer la méditation de pleine conscience à la gestion de la douleur de l'accouchement ?

Dans le cadre de la préparation à la gestion de la douleur de l'accouchement, la méditation de pleine conscience peut aisément trouver sa place aux côtés d'autres préparations en tant qu'elle se rapproche plutôt d'une hygiène de vie (comme faire du sport ou manger équilibré) que d'une préparation à la naissance spécifique. En effet, elle permet avant tout d'améliorer la proprioception et de diminuer le niveau général d'anxiété, tout en augmentant les capacités de concentration et d'attention. S'il n'a pas été nettement prouvé que la pratique de la méditation permettait d'abaisser le seuil de douleur, il est en revanche attesté qu'elle permet une diminution significative du stress, notamment en « déprogrammant » certains circuits neuronaux de l'anxiété.

L'un des avantages majeurs de la méditation de pleine conscience est qu'elle peut se pratiquer seule, au quotidien, sans l'assistance d'un·e professionnel·le. Des offres de plus en plus nombreuses et de bonne qualité sont aujourd'hui disponibles sur Internet pour être accompagnées dans cette pratique pour celles qui le souhaitent.

À l'hôpital, en maison de naissance ou à la maison, tour d'horizon des méthodes qui pourront être proposées

POURQUOI PARLER DE LA PÉRIDURALE DANS UN LIVRE SUR L'ACCOUCHEMENT SANS DOULEUR ?

Une partie des lectrices seront peut-être surprises de trouver un long chapitre sur la péridurale dans un ouvrage consacré à « l'accouchement sans douleur », une expression qui est souvent un moyen de désigner les techniques de gestion de la douleur de l'accouchement sans péridurale. Dans ce livre, je veux prendre la définition la plus large possible de l'expression « accoucher sans douleur », raison pour laquelle je veux traiter de toutes les douleurs liées à l'enfantement – avant, pendant et après l'accouchement –, sans me limiter à la gestion de la douleur du travail. Me fondant sur cette définition la plus large possible de l'accouchement sans douleur, il me faut donc absolument parler de la péridurale puisqu'elle est aujourd'hui le moyen privilégié par les Françaises pour lutter contre la douleur de l'accouchement : en 2016, une enquête périnatale nationale pilotée par l'Inserm indiquait que 82 % des femmes qui avaient accouché par les voies naturelles avaient bénéficié d'une péridurale. Près de deux tiers des femmes enceintes (64 %) veulent absolument une péridurale pour leur accouchement et 21 % l'envisagent comme une possibilité mais sans avoir fait leur choix définitif. Il n'y a finalement que 15 % des femmes qui ne souhaitent pas du tout recourir à la péridurale.

Non seulement ce livre veut s'adresser à toutes les femmes enceintes, et ce quel que soit leur choix des méthodes pour soulager la douleur – mais aussi, il est indispensable de connaître le fonctionnement d'une péridurale car il arrive que l'on soit obligée de modifier ses plans à la dernière minute, y compris lorsque l'on a choisi d'accoucher à la maison et qu'il faut finalement partir à l'hôpital… L'accouchement est un océan d'inconnus, d'aléas, d'incertitudes, de surprises merveilleuses comme bouleversantes : aussi, mieux vaut être préparée à tout – y compris à la césarienne, aux forceps, à l'épisiotomie, etc. On ne parlera donc pas ici uniquement des méthodes que l'on voit souvent qualifiées de « naturelles » ; il y aura aussi beaucoup d'informations et de témoignages sur les techniques médicales de gestion de la douleur, qui sont aujourd'hui les méthodes les plus plébiscitées par les parturientes.

LA PÉRIDURALE

« Comment savoir si j'aurai besoin d'une péridurale ? Puis-je compter à 100 % sur elle pour me soulager de la douleur le jour de l'accouchement ? Est-ce que cela sert à quelque chose de la demander si je ne suis pas certaine que cela marche ? Et si la péridurale me fait plus peur que l'accouchement, va-t-on m'obliger à la prendre quand même ? Et si je la demande mais qu'on ne me la pose pas – parce qu'il n'y a plus le temps, ou pas de personnel disponible au moment où j'en ai besoin –, qu'est-ce qui se passe et comment je fais ? » Je vous propose ici de faire le tour de toutes vos questions sur la péridurale !

TÉMOIGNAGE DE MARIE, 29 ANS

« J'ai eu un accouchement assez "classique" : je n'avais pas de projet de naissance, pas de volonté de "vraiment vivre" mon accouchement ou je ne sais quoi. J'avais suivi des cours de préparation à l'accouchement et j'ai bien enregistré que la péridurale obligeait à être dans une position pas du tout naturelle, mais c'est quand même la solution que j'ai choisie. La première fois, c'est parce que cela me rassurait que cela soit assez médicalisé, la seconde fois parce que cela s'était bien passé la première fois. »

TÉMOIGNAGE D'AMÉLIE, 42 ANS

« Je garde un souvenir assez contrasté de la péridurale, à la fois parce que ce n'était pas mon souhait initial pour ce deuxième accouchement, et parce qu'en même temps elle m'a apporté un tel soulagement sur le moment… Franchement, j'ai l'impression que, sans cela, je n'aurais jamais réussi à accoucher sereinement : les douleurs étaient tellement fortes ! Et pourtant, on était hyperpréparées avec mon épouse, elle s'était même investie presque plus que moi dans cette préparation à la naissance : on était au taquet pour un accouchement sans péri. Mais, au final, comme j'ai dû être déclenchée, cela n'avait pas vraiment de sens de rester avec une douleur qui était un peu "artificielle" de toute manière. Et puis, vu que j'avais déjà des produits dans le corps qui étaient nécessaires pour me faire accoucher – je précise que j'ai été déclenchée parce que j'avais une pré-éclampsie qui était en train de flamber et devenait vraiment dangereuse pour moi et mon bébé, si j'ai bien compris –, cela m'a totalement fait décomplexer de prendre

la péri. Je me suis dit que, quitte à accepter de laisser le personnel hospitalier et toute une forme de médicalisation de la naissance pénétrer dans ce moment-là, autant faire pleinement confiance et se laisser porter. En même temps, vu la pré-éclampsie que j'ai eue – alors même que je suis vraiment en très bonne forme en dehors de la grossesse et que je faisais encore des randonnées de plus de trois heures à six mois de grossesse passés ! –, je peux l'affirmer : non, la nature n'est pas bien faite. Ou alors pas pour tout le monde. Dans mon cas, alors que j'avais même réfléchi à accoucher à la maison et qu'on avait finalement opté pour un accouchement en maison de naissance vu mon âge à l'époque (39 ans), en définitive il a fallu revoir tous nos plans à la fin de la grossesse et un peu en catastrophe. Parce que c'est clair que la fin a été bien chamboulée par cette pré-éclampsie : il a fallu me déclencher à tout juste huit mois, donc on a été transférées d'office vers une prise en charge à l'hôpital parce que notre sage-femme ne pouvait plus nous suivre en maison de naissance avec cette pathologie qui s'était déclarée. Bref, du coup, la péridurale a été la bienvenue. »

PRÉSENTATION DE LA TECHNIQUE ET DU MODE D'ACTION

La péridurale est une technique médicale inventée au début du XXe siècle dont l'usage s'est particulièrement développé en France dans le domaine de l'obstétrique à partir des années 1980. Son usage pour l'accouchement s'est progressivement imposé comme la manière normale d'accoucher : aujourd'hui, ce sont plus de huit femmes sur dix accouchant par les voies naturelles qui bénéficient de ce type de soins.

» La technique de pose et le mode d'utilisation

La pose d'une péridurale est un geste technique réalisé uniquement par les médecins anesthésistes-réanimateurs. Eux seuls sont habilités à poser ce cathéter qui restera en place jusqu'à la sortie de la salle d'accouchement. Cette technique médicale consiste à « endormir » les racines nerveuses responsables de la conduction de l'information douloureuse depuis le ventre et le périnée vers le cerveau. Ces racines nerveuses se trouvent dans l'espace péridural (d'où le nom de « péridurale »), qui est bien protégé au centre de la colonne vertébrale.

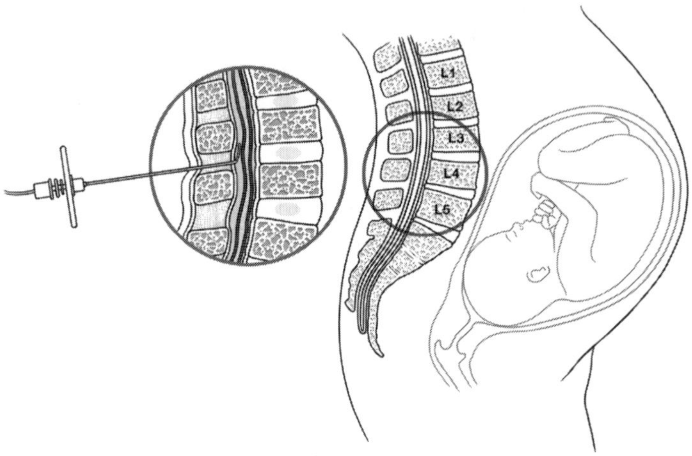

Toute la subtilité de cette technique est de réussir à atteindre l'espace péridural pour y glisser un cathéter, sorte de long vermicelle creux dont l'une des extrémités sera insérée dans le corps tandis que l'autre sera reliée à un dispositif permettant l'injection régulière des produits d'anesthésie. Cet acte nécessite donc l'utilisation d'une aiguille suffisamment longue pour atteindre cet espace péridural qui est niché au milieu des vertèbres, aiguille dans laquelle le cathéter sera glissé jusqu'à être logé au bon endroit. C'est cette longue aiguille qui fait souvent le plus peur aux patientes, mais deux éléments devraient pouvoir vous rassurer :

- avant d'utiliser l'aiguille de péridurale, une anesthésie locale est réalisée au niveau de la peau. Cette anesthésie permet de faire la pose de péridurale sans douleur. Si vous demandez à en bénéficier ou bien si la situation obstétricale l'impose, vous ne devriez avoir qu'une sensation de forte poussée contre votre dos, mais le geste en lui-même n'est pas douloureux grâce à l'anesthésie locale ;
- une fois le cathéter en place, l'aiguille de péridurale est retirée : il n'y a donc aucune aiguille dans le dos une fois que la péridurale est posée. C'est souvent l'idée d'avoir une aiguille dans le dos qui effraie, alors qu'elle n'est en réalité utilisée que de manière transitoire, comme lors

de la pose d'une perfusion (il n'y a plus d'aiguille dans le bras une fois que la perfusion est posée).

Une fois que l'anesthésiste a trouvé l'espace péridural et mis en place le cathéter, les premiers effets des analgésiants qui sont injectés dans la péridurale font effet en l'espace de cinq à dix minutes. Les contractions vont sembler dans un premier temps plus courtes – en réalité, ce n'est qu'une impression car les contractions ont la même durée, mais c'est parce que les premiers seuils de douleur sont déjà calmés par les anesthésiques que l'on a ce sentiment –, puis la sensation douloureuse doit tout à fait disparaître. Idéalement, les produits anesthésiques utilisés doivent vous permettre de conserver suffisamment de tonus musculaire pour garder l'usage de vos jambes, bien que peu d'hôpitaux offrent la possibilité de bénéficier d'une péridurale dite « déambulatoire », c'est-à-dire qui vous permet de vous lever et de marcher. En effet, la plupart du temps, lorsque la péridurale est en place, elle contraint les patientes à rester dans le lit d'accouchement et les prive de leur mobilité pendant toute la durée du travail jusqu'à l'expulsion. Aujourd'hui, le système le plus utilisé est une pompe sécurisée qui fonctionne à la demande, c'est-à-dire que l'anesthésiste met à votre disposition un bouton-poussoir qui commande une seringue remplie de produit anesthésiant relié au cathéter de péridurale, qui permet de délivrer régulièrement des « bolus » – comme des « shoots » – en fonction de la demande. Évidemment, il existe un verrouillage de sécurité pour la seringue et il n'est pas possible d'aller au-delà d'un certain nombre de bolus pour un laps de temps fixé.

Il est donc particulièrement important que vous vous renseigniez sur le type de péridurale pratiquée dans le lieu où vous accoucherez (déambulatoire ou non). Car si, en théorie, la péridurale fait partie de la catégorie des analgésies loco-régionales – ce qui signifie qu'elle a pour but de supprimer les sensations douloureuses tout en conservant la motricité des zones analgésiées –, en pratique, le dosage de la quantité d'anesthésique à utiliser pour chaque patiente peut s'avérer délicat. En effet, lorsque l'on recueille les témoignages des patientes, il existe une certaine variabilité dans le ressenti et le vécu de la péridurale : une péridurale trop dosée pourra totalement ôter la mobilité et les sensations dans le bas du corps, donnant l'impression d'être « coupée en deux » pendant le travail et l'accouchement. Au contraire, une péridurale trop faiblement dosée n'aura pas l'effet de soulagement attendu et peut là aussi rendre difficile le vécu de l'accouchement.

TÉMOIGNAGE DE VIOLAINE, 33 ANS

« Pour mes deux accouchements, la pose de la péridurale s'est faite sans problème, en dehors du fait qu'il fallait attendre qu'une contraction se termine avant de piquer. Je n'ai pas eu mal, je n'ai pas vu le matos – je n'y tenais pas du tout ! Une fois sous péridurale, j'avais un petit système pour pouvoir augmenter un peu la dose au besoin, mais je crois en avoir fait un usage plutôt modéré. J'ai pu dormir un peu lors du premier accouchement tellement j'étais soulagée. Pour autant, je n'ai pas eu l'impression de ne plus ressentir les choses, de perdre quelque chose, ce qui est pourtant un argument que j'ai souvent entendu et qui est mis en avant par les femmes qui souhaitent s'orienter vers un accouchement plus "naturel". »

TÉMOIGNAGE DE MÉLANIE, 40 ANS

« Malheureusement, pour mes deux accouchements, les péridurales que j'ai eues m'ont toujours coupée de mes sensations. Pour mon premier accouchement, la péridurale m'a plombée puisque, pendant deux heures et demie, je n'ai absolument pas pu bouger mes jambes. C'était très frustrant car je tenais à me mobiliser durant le travail. Il faut savoir que j'avais un point douloureux résiduel au niveau de l'aine, à droite, très intense, et qu'à cause de cela j'ai effectué deux doses de péridurale rapprochées après la pose du cathéter, et qu'ensuite l'anesthésiste a insisté pour en faire une troisième. C'est à ce moment-là que je me suis retrouvée totalement "paralysée". Après deux heures et demie, j'ai retrouvé ma mobilité… et mon point douloureux ! Mais avec deux doses de péridurale, j'ai pu soulager ce point sans perdre mes sensations.

Pour mon second accouchement, comme la première fois, la péridurale m'a plombée, et le cœur du bébé s'est aussitôt mis à ralentir… Cette fois, je n'ai pas eu le temps de récupérer mes sensations avant qu'on s'installe pour la poussée (le bébé était quasi engagé dans le bassin, donc on a pu éviter la césarienne), le gynécologue est venu pour appliquer une ventouse. J'ai essayé de pousser comme je savais le faire en théorie, mais je ne sais pas si j'ai été vraiment efficace.

Après-coup, j'ai un peu regretté de ne pas être allée au bout sans péridurale pour ce second accouchement. C'est toujours facile de refaire le match après, mais je me suis dit que j'aurais pu le faire. Même si, sur le moment, c'était très difficile et que je n'attendais que le soulagement que cette technique ultra efficace procure. En fait, je crois que si je m'étais préparée mentalement à accoucher sans péridurale et que la sage-femme et mon conjoint m'avaient accompagnée – sachant que le travail n'a pas été long –, j'aurais pu le faire. Mais comment savoir à l'avance la durée du travail ? C'est là qu'il faut un sacré mental pour gérer la douleur et tenir sans savoir quand elle va s'arrêter. Et aussi, comment savoir que la péridurale aurait cet effet plombant sur moi ? Car, en théorie, cela doit soulager sans enlever les sensations, ce qui semble assez idéal. Mais ça, c'est la théorie... »

LA PÉRIDURALE, EST-CE RISQUÉ ?

Vous êtes nombreuses à vous demander si la pose d'une péridurale comporte des risques. Puis-je être paralysée ? Puis-je avoir une infection ? En effet, quels sont au juste les risques d'avoir recours à une péridurale ? Tout d'abord, il faut souligner qu'il s'agit d'une technique extrêmement bien maîtrisée aujourd'hui, qui fait partie des pratiques de routine des anesthésistes. Autrement dit, ils en posent au quotidien. De plus, c'est une technique très sûre : les incidents graves liés à la péridurale sont rarissimes. Par ailleurs, si vous accouchez en structure hospitalière, vous aurez un rendez-vous obligatoire avec un anesthésiste au cours de la grossesse afin d'examiner votre dossier médical et de procéder à un interrogatoire et à un examen clinique, ce qui permettra au praticien d'identifier d'éventuelles difficultés de pose (tatouage sur le bas de la colonne vertébrale, forte scoliose, antécédent de chirurgie du bassin osseux, troubles de la coagulation, etc.) ou d'intubation (en cas d'anesthésie générale en urgence).

CHANTAL, SAGE-FEMME EN SALLE DE NAISSANCE DEPUIS PLUS DE TRENTE ANS

« Même si beaucoup d'anesthésistes vous diront sans doute le contraire, d'expérience – et si on accorde du crédit à la parole des femmes, et c'est mon cas ! –, il peut arriver que la pose de la péridurale occasionne des douleurs dans le bas du dos après l'accouchement, au niveau du point d'insertion du cathéter. Ces douleurs sont temporaires, et je pense qu'elles sont liées au fait qu'il faut passer le ligament jaune, qui est une structure anatomique très dure qu'il faut traverser avec l'aiguille de péridurale pour atteindre l'espace péridural. Parfois, les vertèbres sont aussi irritées par le passage de l'aiguille, pour peu que la pose de péri soit un peu compliquée (soit parce que la patiente bouge beaucoup, soit parce que les espaces intervertébraux sont très resserrés, soit parce que l'anesthésiste n'arrive pas à prendre tout à fait bien ses repères au niveau du dos). En général, je recommande à ces patientes d'aller voir un ostéopathe qui sait travailler sur les fascias ou un acupuncteur : d'après mon expérience, c'est ce qui donne les meilleurs résultats pour soulager ces douleurs postpéridurale quand elles persistent au-delà du séjour à la maternité. »

» La brèche dure-mérienne

Le problème que l'on peut éventuellement rencontrer après une pose de péridurale est la création accidentelle d'une brèche dure-mérienne, c'est-à-dire une « fuite » de liquide céphalo-rachidien qui provoque une hypotension au niveau de la boîte crânienne. Cela se traduit par des maux de tête importants après l'accouchement, localisés au niveau du front et de l'arrière de la tête, qui peuvent irradier dans le cou, les épaules et au niveau du thorax. Ces douleurs sont majorées par les mouvements de la tête ou au passage de la position allongée à assise, ou assise à debout. Les douleurs du crâne peuvent être accompagnées de nausées, de vomissements, de vertiges, d'acouphènes (sensation d'oreilles bouchées) et de troubles visuels (vue « floue » notamment). En cas de brèche dure-mérienne, l'anesthésiste pourra proposer de réaliser un *blood patch*, une technique qui consiste à injecter un peu de votre sang au niveau de la brèche, ce qui permet de rétablir la pression intradurale et de créer un caillot qui fera bouchon et colmatera ainsi la fuite. Si les symptômes sont désagréables et parfois impressionnants, ce n'est pas une complication grave ; la brèche se résorbe dans un délai allant de vingt-quatre heures à une semaine et le traitement par *blood patch* est très efficace.

TÉMOIGNAGE DE NOÉMIE, 34 ANS

« Le retour à la maison a été un peu chaotique : le jour de ma sortie d'hôpital, j'ai eu de violents maux de tête dus à une brèche créée lors de la pose de la péri, qui s'était révélée plus compliquée que prévu chez moi : ils avaient dû faire trois essais avant d'y arriver. Du coup, j'ai carburé au Coca sur les conseils de mon compagnon, qui est médecin urgentiste, pour éviter d'avoir à retourner à la maternité pour faire un blood patch. *C'est finalement passé au bout de deux jours, mais cela m'a cassé le moral : avec les douleurs toujours fortes liées à l'accouchement et à l'allaitement, et la nécessité de devoir répondre aux besoins d'un nouveau-né qui demande à être au sein toutes les deux à trois heures, j'ai commencé à déprimer. »*

ISABELLE, ANESTHÉSISTE EN SALLE DE NAISSANCE DEPUIS TRENTE ANS

« Il arrive que, lors d'une pose de péridurale, on crée un "trou" dans l'une des enveloppes méningées qui protègent le cerveau et la moelle épinière, ce qui provoque une fuite de liquide céphalo-rachidien. Ce type d'accident est très étroitement corrélé à l'expérience de l'anesthésiste : plus on a l'habitude de poser des péridurales et moins il y a de risque que ce genre de complications arrive. Mais cela peut arriver à n'importe lequel d'entre nous ! Dans ces cas-là, on fait un *blood patch* si les patientes sont hospitalisées en suites de couches, et parfois on leur propose que l'ostéopathe vienne les voir pour aider à les soulager si le *blood patch* ne suffit pas. »

PASCALE, OSTÉOPATHE LIBÉRALE ET PRATICIENNE À L'HÔPITAL DEPUIS DIX-SEPT ANS

« Si on s'occupe surtout des nouveau-nés en maternité, on voit de temps à autre des patientes qui ont besoin d'un traitement rapide pour des luxations du coccyx, mais aussi pour des brèches dure-mériennes. L'ostéopathie crânienne soulage bien les maux de tête : on manipule très délicatement les os du crâne pour augmenter leur mobilité et la souplesse au niveau des différentes structures crâniennes, et on agit également au niveau du bassin osseux, où s'insère la partie terminale de la dure-mère. On va ainsi réduire les tensions intra-dure-mériennes au niveau du crâne et, en libérant les zones de tension, on va favoriser la production de liquide céphalo-rachidien, ce qui va permettre de rétablir la pression à l'intérieur de la dure-mère. Une fois qu'on a réalisé ce traitement "d'urgence", on propose aux patientes de les revoir une semaine à dix jours plus tard, pour travailler sur d'éventuelles adhérences qui auraient pu se créer au niveau de la brèche et pour assurer la souplesse et la lubrification des différentes enveloppes de la moelle épinière. »

À RETENIR

Les complications graves de la péridurale sont exceptionnelles de nos jours en raison d'une excellente maîtrise du geste et du respect des contre-indications à sa pose. La peur d'une erreur médicale doit donc être largement relativisée.

LA PÉRIDURALE : NI UN ÉCHEC NI UN PASSAGE OBLIGÉ

Maintenant que vous savez tout sur la péridurale, comment vous décider, et faut-il forcément avoir choisi avant son accouchement ? La position que j'ai souvent proposé d'adopter à mes patientes qui restaient indécises malgré la présentation détaillée de la technique lors des ateliers de préparation à l'accouchement est celle de l'ouverture d'esprit : venez sans *a priori* en salle d'accouchement et tout ira bien ! Autrement dit, lorsque je prépare les futures parturientes à la perspective du ressenti douloureux des contractions et à leur gestion par toutes les techniques évoquées précédemment, je leur recommande toujours de garder à l'esprit que la péridurale reste une option valable et qui peut être demandée à tout moment. Il est très important de bien se souvenir que rien n'est irréversible – sauf lorsque l'on est à moins de vingt minutes de la naissance, là il est en effet trop tard pour changer d'avis ! – et que ce n'est pas parce que vous n'avez pas eu besoin de la péridurale pour les premiers centimètres de dilatation du col de l'utérus que vous n'en ressentirez pas le besoin lorsque vous serez plus avancée dans le travail.

Parfois, les femmes voient le recours à la péridurale comme un échec personnel et une incapacité à affronter la douleur. Soyez pleinement rassurée : vous pouvez vivre un accouchement exceptionnel et connaître pleinement le sentiment de puissance que peut procurer le fait de mettre son enfant au monde tout en ayant une péridurale. Ce sont deux réalités tout à fait différentes et la douleur n'est pas un passage obligé si vous ne souhaitez pas en faire l'expérience – dans la limite de la technique médicale et des disponibilités de l'équipe, comme on l'a évoqué plus haut. Quels que soient votre choix et vos questionnements, il convient de réfléchir à cette question bien en amont de l'accouchement et d'en parler avec la sage-femme qui vous accompagne pour la préparation à la naissance ; elle saura mieux que personne vous donner des informations personnalisées et adaptées à votre situation.

TÉMOIGNAGE DE VIOLAINE, 33 ANS

« Je sais que la péridurale est sujette à controverse et je comprends tout à fait que des femmes préfèrent rester plus maîtresses du jeu, gérer autrement, se déplacer librement, se mettre à quatre pattes si elles en ont envie... Sur ce sujet comme sur bien d'autres, pour moi, l'essentiel est que chacune puisse faire son choix de manière éclairée. Je ne culpabilise pas du tout d'avoir fait ce choix-là et je le referais si c'était à refaire. Le côté "il faut avoir mal", très peu pour moi ! Et je ne me suis pas du tout sentie absente lors de mes deux accouchements. »

TÉMOIGNAGE D'AURÉLIE, 44 ANS

« À la fin, quand j'avais le bébé sur le ventre, j'étais toujours tracassée par le fait de n'avoir pas su mieux gérer la douleur, d'avoir hurlé jusqu'à ce qu'on me pose la péridurale. Alors, quand la sage-femme qui m'avait accouchée est venue me dire au revoir parce qu'elle rentrait chez elle, j'ai dit un truc à ce sujet. Et elle m'a répondu : "Peu de femmes peuvent supporter une douleur comme cela aussi longtemps." Et là, hop ! ma culpabilité s'est estompée. »

TÉMOIGNAGE DE LUCIE, 31 ANS

« J'espère que mon témoignage pourra servir à des femmes qui se posent des questions sur le fait de prendre ou pas la péridurale pour leur accouchement, pour leur dire que c'est certes un choix personnel d'accoucher avec ou sans péri et de suivre une préparation à la naissance, mais que cela dépend aussi énormément de la façon dont on est (mal) accompagnée. Pour moi, l'accouchement a été un traumatisme dont je ne suis toujours pas remise.

Je me suis mise en travail spontané à terme et, après vingt-quatre heures de contractions assez intenses à la maison, comme elles ne se rapprochaient pas et parfois s'arrêtaient, je me suis rendue avec mon compagnon à la maison de naissance où je prévoyais d'accoucher pour voir où j'en étais, sans trop penser que le travail était déjà vraiment en route. Dans les maisons de naissance, la péridurale n'est pas accessible car il n'y a que des sages-femmes qui y exercent et donc pas d'anesthésiste pour la poser. Mais le fait que la maison de naissance soit dans un hôpital rend la possibilité d'une intervention d'urgence, péridurale ou césarienne, tout de même très facile et rapide. Il faut que je précise que mon intention n'était pas d'accoucher à tout prix sans intervention médicale. Au contraire, j'étais en pleine confiance de mon choix et disais régulièrement "Vive la science !" quand je pensais à la possibilité de demander une péridurale dans le cas où j'en ressentirais le besoin.

Quand j'ai été accueillie par la sage-femme de garde, j'étais déjà dilatée quasiment à 5 centimètres, ce qui veut dire que les dernières heures passées à danser, à faire l'amour, à prendre des bains avaient déjà bien payé et que les contractions étaient efficaces. Et je me suis dit que, si j'en étais déjà là alors que je ne pensais pas être autant avancée dans le travail en arrivant à la maison de naissance, ce qui m'attendait par la suite n'était peut-être pas aussi difficile que ce que j'imaginais.

Malheureusement, les choses ont pris une tournure toute différente. Pour moi, un accouchement physiologique bien accompagné devait remplir plusieurs conditions : très peu de paroles, un environnement feutré, de la douceur, de la présence non invasive. Là, la sage-femme qui était de garde et qui m'a prise en charge m'a tout de suite désarçonnée. Elle a pratiqué des touchers du col répétitifs et douloureux, en me disant de chasser la douleur, ce qui m'a fait pousser alors que ce n'était pas le moment. Elle me parlait énormément et de manière assertive, "Tu es trop dans ta tête, va dans ta bulle", et ne me laissait pas prendre les positions que je souhaitais en invoquant le fait qu'elles étaient certes antalgiques mais qu'elles ne feraient pas avancer le travail – ce qui était faux d'une part, et nous n'avions aucun train à prendre à ce stade-là d'autre part. Donc, je me suis retrouvée complètement perdue, n'ayant plus confiance en elle ni en moi, et avec la douleur grandissante et mon manque de confiance dans la situation, un processus de protection psychique s'est mis en place. J'ai fini par me dissocier psychiquement : je me suis mise en retrait psychiquement de la situation – en d'autres termes, je suis partie. J'ai vécu le phénomène de dissociation psychique, qui est le mécanisme de protection de dernier recours quand on vit une douleur tellement insupportable qu'on ne peut plus être présent psychiquement. C'est peut-être violent à lire, mais cela me semble important que les femmes sachent ce qui peut arriver. C'est rare d'en arriver au point où je suis allée, mais précisément il faut que les femmes et leurs accompagnants sachent que cela existe pour éviter de laisser la douleur nous entraîner dans ce type de mécanisme.

Je peux décrire les dernières heures de mon accouchement comme une séance abominable de torture dont je me suis réveillée au moment où mon enfant est né et que je suis "revenue" en me demandant ce qu'il s'était passé. Car ce que je venais de vivre était tout sauf un accouchement, c'était comme mourir de douleur. Au sein de ma dissociation, j'ai tout de même réussi à revenir quelques secondes pour demander la péridurale, ce qui m'a été refusé : "Tu y es presque, attends un peu", m'a dit cette sage-femme. Et elle a quitté la salle en me laissant seule à un moment de désespoir et de vulnérabilité total. Ensuite, juste avant de devoir pousser, la sage-femme m'a dit ces mots qui ont achevé de me faire perdre confiance : "Tu fais beaucoup de sport ? Ton périnée est dur comme du béton !" Là, j'ai profondément cru que j'allais mourir en poussant pour expulser mon enfant. Et j'avais la sensation que mon corps se faisait déchirer, laminer, écrabouiller par un camion.

Je pense qu'on le comprend dans mon témoignage, je ne suis toujours pas remise de cet accouchement, presque deux années après. Et c'est valable au niveau de l'aspect psychologique autant que physique. Au niveau psychologique, je suis maintenant dans un processus de suivi au sein d'une très bonne équipe, mais c'est un parcours très long, éprouvant et cher car j'ai été traumatisée et que tous les soins ne sont pas remboursés à 100 %. Au niveau physique, mon périnée ne bouge plus. Il semble un peu traumatisé lui aussi et, après un grand nombre de séances de rééducation inefficaces malgré leur nombre et mon travail, j'ai décidé de lui foutre un peu la paix le temps que l'aspect psychique aille un peu mieux. »

TECHNIQUES MÉDICALES ANALGÉSIQUES ALTERNATIVES À LA PÉRIDURALE

LES SOLUTIONS MÉDICAMENTEUSES PAR VOIE ORALE

L'un des premiers gestes conseillés par les professionnel·le·s de santé au moment des premières contractions de travail est la prise concomitante d'un antispasmodique (à raison de 160 mg de phloroglucinol par prise, molécule contenue dans le produit pharmaceutique vendu sous le nom de Spasfon®) et d'un gramme de paracétamol (Doliprane®, Efferalgan®...). Bien évidemment, ces deux médicaments n'ont pas la capacité de stopper des contractions – vous ne risquez donc pas d'arrêter la mise en route du travail en prenant ces comprimés. En revanche, ils peuvent vous soulager lorsque les contractions ressemblent encore à des douleurs de règles, lorsque les sensations sont localisées dans le bas du ventre ou le bas du dos. Vous pouvez réitérer la prise de Spasfon® toutes les deux heures, dans la limite de six comprimés de 80 mg par vingt-quatre heures ; en revanche, il faut laisser au moins quatre heures entre deux prises de paracétamol afin de ne pas dépasser la dose journalière de 3 000 à 4 000 mg par vingt-quatre heures.

MON CONSEIL

Lorsque des contractions douloureuses apparaissent et qu'elles semblent se régulariser et se rapprocher, si vous êtes chez vous et que vous avez une baignoire, faites-vous couler un bain à température du corps (37 °C) et prenez 1 g de paracétamol en même temps que 160 mg de phloroglucinol (ce qui correspond à deux comprimés de Spasfon® de 80 mg). Restez au minimum un quart d'heure dans le bain, le temps que les comprimés fassent effet. Si, au bout de vingt minutes à une demi-heure, vous ne constatez pas d'amélioration de la douleur, c'est que les contractions sont en train de s'intensifier et donc que vous êtes *a priori* sur la bonne voie vers l'accouchement ! Si, au contraire, les sensations douloureuses diminuent et/ou que les contractions s'espacent, c'est qu'il vous reste encore du temps avant que le travail ne se mette réellement en route – ou bien était-ce peut-être une fausse alerte… Seul l'avenir vous le dira !

Lorsque vous êtes prise en charge en établissement de soins, les sages-femmes sont susceptibles de vous proposer un anxiolytique sous forme de comprimé (type Atarax®) : à faible dose, les anxiolytiques contribuent à faire diminuer le stress lié aux douleurs en début de travail, donc à abaisser le seuil de douleur par rétroaction positive. Généralement très bien toléré, ce type d'anxiolytique ne crée pas de dépendance lorsqu'il est pris de manière exceptionnelle. Il est le plus souvent proposé dans le cas d'un prétravail long (dystocie de démarrage), ou en cas de suspicion de faux travail. La prise d'un anxiolytique ne nécessite pas une hospitalisation, mais certaines équipes préfèrent vous garder sous surveillance au moins pour quelques heures après la prise médicamenteuse afin de pouvoir évaluer son action et vous proposer une suite de prise en charge adaptée.

» Et l'homéopathie, alors ?

Si vous aviez l'habitude d'avoir recours à l'homéopathie avant d'être enceinte ou bien que vous en avez utilisé pour soulager certains maux de grossesse, il vous est possible de vous appuyer aussi sur cette approche complémentaire pour la gestion de la douleur pendant l'accouchement. Selon les praticien·ne·s qui prescrivent l'homéopathie, elle serait également utile pour favoriser la dilation du col de l'utérus et la descente harmonieuse du fœtus dans le bassin. Cette approche étant fondée sur l'individualisation des soins et donc sur la prescription de spécialités homéopathiques spécifiquement adaptées à votre situation, il est recommandé de consulter une sage-femme ou un médecin qui a été formé à cette approche afin d'établir avec vous le protocole à suivre au moment de la mise en travail. En effet, selon les étapes de l'accouchement, ce ne sont pas les mêmes granules qui sont préconisés, les effets recherchés étant différents selon l'avancée du travail (favoriser la dilatation du col d'abord, aider à la progression du bébé ensuite).

L'ACUPUNCTURE

L'acupuncture est une branche de la médecine chinoise traditionnelle qui repose sur une théorie de la circulation de l'énergie vitale (le *qi*, « chi ») le long de méridiens qui jalonnent le corps des pieds jusqu'à la tête. Par le positionnement d'aiguilles aussi fines qu'un cheveu à des endroits précis du corps (ou au moyen d'électrodes), on va stimuler ou au contraire dissiper le *qi* dans ces zones afin d'obtenir l'effet recherché : soulager la douleur, augmenter les contractions, favoriser l'ouverture du col de l'utérus, aider à la descente du fœtus dans le bassin, etc.

FAUT-IL « CROIRE » À L'ACUPUNCTURE ?

La médecine chinoise, tout comme la médecine ayurvédique, est un système de représentation avec sa logique propre, tout à fait différente de celle que suit la médecine que nous connaissons dans les pays occidentaux : la médecine dite « allopathique ». Aussi est-il très difficile de traduire les concepts de la médecine chinoise dans les termes de la médecine « occidentale ». Pour comprendre à quel point ces deux médecines relèvent de logiques différentes, on peut considérer que cela reviendrait à peu près au même que de vouloir traduire une mélodie musicale en langage parlé : on pourra toujours décrire la musique avec des phrases, mais on ne pourra jamais faire une traduction littérale de la musique car il n'y a pas d'équivalence qui permet de passer des notes et du rythme aux mots. De même que la poésie serait le moyen qui permet de s'approcher le plus de l'expression musicale, ce n'est que par approximation et interprétation (et non traduction) que l'on peut tenter de rendre compte en médecine allopathique des concepts issus de la médecine chinoise.

Une fois cette précision apportée, il est possible de passer à la pratique en tenant à distance les préjugés que nous pouvons légitimement avoir face à une manière d'envisager le fonctionnement du corps humain tout à fait différente de ce qui nous a été transmis.

À l'heure actuelle, on dispose d'assez peu d'études de grande ampleur permettant d'évaluer le niveau de satisfaction et/ou d'efficacité de l'acupuncture dans le cadre de la gestion de la douleur de l'accouchement. Cependant, les différentes études semblent indiquer un meilleur vécu de la douleur par les femmes qui ont bénéficié d'acupuncture ou d'acupression au cours du travail, et il semblerait que le fait de bénéficier de cette technique pourrait contribuer à faire baisser le taux de césariennes. Il est cependant très difficile d'imputer avec certitude ces bienfaits à l'acupuncture en elle-même, puisque d'autres facteurs tels que la présence de professionnel·les de santé, le sentiment de sécurité procuré par les soins, le fait que ces soins soient personnalisés, etc., ne peuvent être dissociés de la pratique.

En salle d'accouchement comme pendant la grossesse, l'acupuncture ne peut être mise en œuvre que par des professionnel·le·s médicaux·ales (médecins ou sages-femmes) spécifiquement formé·e·s à cette pratique. S'il y a un maillage territorial correct des praticien·ne·s qui proposent de traiter les femmes enceintes par l'acupuncture, il n'est pas si fréquent d'en croiser en salle d'accouchement… Aussi l'acupression, pratiquée par vous-même ou par la personne qui vous accompagne, est-elle un moyen plus sûr de pouvoir bénéficier des bienfaits de cette médecine traditionnelle, si toutefois elle fait partie des approches complémentaires qui vous parlent. Reportez-vous à la page 131 de cet ouvrage pour identifier les quelques points à stimuler pour vous aider à gérer spécifiquement la douleur de l'accouchement.

À noter que l'acupuncture ou l'acupression pour gérer la douleur sont des techniques à utiliser en association avec d'autres méthodes alternatives à la péridurale ; en particulier, les techniques de respiration, les postures et les massages sont quasi indispensables à votre outillage si vous faites le choix de vous préparer à un accouchement sans péridurale, ou bien que vous souhaitez n'en bénéficier que pour la partie finale du travail.

TÉMOIGNAGE DE MÉLANIE, 40 ANS

> *« Pour mon deuxième accouchement, le scénario a été extrêmement différent du premier. Il n'y avait pas de retard de croissance donc je n'ai pas eu de déclenchement. J'ai perdu les eaux mais seulement avec une fissuration de la poche, et au départ je n'ai eu que très très peu de contractions. Sachant que, dans la maternité où j'accouchais, le déclenchement est prévu douze heures après la rupture de la poche des eaux (pour limiter les risques infectieux), il me tenait à cœur de l'éviter et donc d'avoir des contractions rapidement ! Une collègue [Mélanie est sage-femme et accouche dans la maternité où elle exerce] m'a proposé de me faire des points d'acupuncture, qu'elle a associés à un décollement des membranes, c'est-à-dire qu'elle a stimulé la libération de prostaglandines au niveau du col de l'utérus en passant ses doigts entre les membranes et la paroi de l'utérus au moment du toucher vaginal pour évaluer la dilatation du col. Les deux combinés (l'acupuncture plus le décollement), cela a été plus que radical ! À 15 heures, elle a posé les aiguilles et pratiqué le décollement des membranes et, à 15 h 20, j'avais des contractions très douloureuses. À tel point qu'on l'a rappelée en urgence, avec mon conjoint, pour qu'elle enlève les aiguilles ! »*

LES INJECTIONS SOUS-CUTANÉES DE SÉRUM PHYSIOLOGIQUE OU D'EAU STÉRILE

Si vous êtes suivie dans une maison de naissance ou une maternité avec de nombreuses sages-femmes formées à l'accouchement sans douleur, pendant le travail, vous vous verrez peut-être proposer des injections sous-cutanées ou intradermiques de sérum physiologique ou d'eau stérile dans le bas du dos, afin de soulager les contractions. Ces injections sont pratiquées au plus fort de la contraction et sont supposées soulager en particulier les douleurs dorsales. Cependant, la littérature médicale sur le sujet est assez peu fournie et les quelques études qui ont été menées n'apportent pas de preuve permettant de conclure à un bénéfice de ces injections dans le traitement de la douleur durant le travail. Des études de plus grande ampleur seraient nécessaires pour pouvoir conclure à un bénéfice ou à une absence de bénéfice de cette méthode. Les études médicales conduites sur le sujet ne montrent en tout cas pas d'effet délétère de ces injections. Aussi, si elles vous sont proposées, elles ne représentent pas un danger et vous êtes libre de les accepter pour tenter de diminuer les douleurs des contractions.

LES SOLUTIONS MÉDICAMENTEUSES PAR VOIE VEINEUSE

Distribués dans le sang grâce à une perfusion posée au niveau du bras, les médicaments injectables par voie intraveineuse sont nécessairement administrés par des professionnel·le·s de santé puisqu'ils nécessitent au préalable la pose d'un cathéter, qui sera ensuite obturé avec un bouchon spécial ou bien relié à une poche de solution neutre qui permet d'éviter que la perfusion ne se bouche par la formation d'un caillot de sang dans le cathéter. En effet, ce tuyau de plastique souple inséré dans la veine est très fin pour ne pas vous gêner et préserver la veine dans laquelle il est inséré, mais son inconvénient majeur est d'être sujet à l'obstruction, et il est donc parfois nécessaire de reposer la perfusion lorsque celle-ci ne peut pas être débouchée. Si la présence de la perfusion est souvent vécue par les parturientes comme un outillage peu confortable et qui peut entraver les mouvements, elle est notamment extrêmement utile pour les soignant·e·s pour assurer votre sécurité, car elle permet une action très rapide en cas d'urgence.

Le principal médicament utile pour soulager la douleur pendant le travail est un dérivé de la morphine, la nalbuphine, utilisée de préférence en début de travail. L'inconvénient majeur de l'utilisation des morphiniques par voie veineuse est qu'ils passent la barrière placentaire, ce qui implique une surveillance étroite du rythme cardiaque fœtal avant et après l'injection en intraveineuse de la nalbuphine. Une surveillance médicale est nécessaire pendant les six heures suivant l'injection. Des anxiolytiques peuvent également être administrés par voie intraveineuse, mais cet usage est peu fréquent.

LES SOLUTIONS MÉDICAMENTEUSES PAR INHALATION : LE PROTOXYDE D'AZOTE (« GAZ HILARANT »)

Très utilisé en salle de naissance, le protoxyde d'azote (N_2O), plus connu sous le nom de « gaz hilarant », est un allié précieux pour le travail des sages-femmes qui aident les futures mères. En effet, ce gaz a la propriété de diminuer la nociception – la perception de la douleur – et présente un intérêt majeur : ses effets débutent quelques secondes après les premières inhalations et cessent quelques secondes après la fin de l'administration. C'est ce caractère très réactif qui le rend particulièrement adapté à la physiologie de l'accouchement. En effet, la douleur de l'accouchement est une douleur intermittente, puisqu'elle cesse entre chaque contraction. Ainsi, il est intéressant d'avoir à disposition un médicament qui n'agit pas en permanence mais uniquement pendant la phase douloureuse. Selon les endroits, le protoxyde d'azote peut être proposé sous forme de bonbonne montée sur un chariot, ou bien provient de la distribution centralisée de l'hôpital, apporté par des tuyaux qui cheminent comme les tuyaux d'eau dans la structure du bâtiment et qui s'abouchent au mur de la salle d'accouchement. Dans l'un et l'autre cas, le gaz vous sera administré grâce à un masque qui s'applique sur le visage et couvre à la fois le nez et la bouche.

» Comment utiliser le protoxyde d'azote ?

Comme sa durée d'action est rapide et courte, vous pouvez commencer à inhaler le gaz au tout début de la contraction : vous n'avez pas besoin d'anticiper la prise. Lorsque la contraction commence, appliquez le masque sur le nez et la bouche, et effectuez trois à quatre profondes inspirations à la suite, sans laisser de pause entre l'expiration et l'inspiration suivante. Cet enchaînement rapide d'inspirations permet de respirer une quantité suffisante de protoxyde d'azote pour procurer un soulagement rapide. Continuez ensuite à respirer normalement dans le masque, et ce pendant toute la durée de la contraction. Dès que celle-ci est terminée, retirez le masque et respirez normalement.

L'ANESTHÉSIE LOCALE DU PÉRINÉE

Il existe deux principales situations où l'anesthésie locale est utilisée lors de l'accouchement : soit il s'agit d'un accouchement sans péridurale, auquel cas on peut proposer aux patientes de réaliser un « bloc nerveux » – c'est-à-dire d'injecter dans le réseau de nerfs qui innervent le périnée un anesthésiant local, la lidocaïne, qui va supprimer la sensibilité et la motilité périnéale ; soit il est nécessaire de réaliser une anesthésie locale malgré la péridurale pour effectuer une suture après l'accouchement. Ce second cas de figure se présente lorsque l'on a cessé d'injecter des anesthésiques dans la péridurale un peu avant l'expulsion afin de permettre un retour rapide de la motricité des jambes pour pouvoir se lever dans les heures qui suivent. Il arrive également que la péridurale ne soit pas suffisamment efficace sur certaines zones du périnée, aussi une anesthésie locale sera-t-elle réalisée s'il y a une déchirure ou une épisiotomie à suturer.

LES DIFFÉRENTES ANESTHÉSIES POUR LA CÉSARIENNE

La césarienne est une opération chirurgicale qui nécessite une anesthésie – et non plus une analgésie –, ce qui signifie que, au-delà de la suppression de la douleur, il faut aussi annihiler le tonus musculaire, donc la mobilité du corps, à partir de la zone qui nous intéresse, c'est-à-dire depuis le milieu du thorax jusqu'aux pieds. Plusieurs cas de figure se présentent :

- soit il s'agit d'une césarienne programmée (en raison d'une présentation par le siège, d'une grossesse gémellaire, d'un utérus multicicatriciel, d'une pathologie fœtale, etc.), ou d'une césarienne réalisée au cours du travail mais non urgente (arrêt de la dilatation du col, non-progression du fœtus au moment de l'engagement dans le bassin), auquel cas l'anesthésiste a le temps de procéder à une rachi-anesthésie. Cette méthode est très proche de la technique de la péridurale, sauf qu'il n'y a pas de pose de cathéter et que les produits injectés dans l'espace péridural sont plus puissants. Ainsi, tout le bas du corps est complètement anesthésié pour deux à trois heures. Mais l'intervention peut se dérouler « avec » la patiente, c'est-à-dire qu'elle est éveillée au moment de la naissance et peut voir son enfant. Parfois, il est même possible de faire du « peau à peau » dès la salle de bloc opératoire (variable selon les équipes hospitalières) ;
- soit il s'agit d'une césarienne en urgence, et il y avait déjà une péridurale en place : dans ce cas, on injecte des produits analgésiques puissants à travers le cathéter de péridurale, lesquels agissent en l'espace de quelques minutes et permettent de pratiquer la césarienne très rapidement sans avoir de geste d'anesthésie supplémentaire. Si cette méthode est extrêmement pratique et permet une excellente réactivité de l'équipe pour la prise en charge de la césarienne en urgence, elle présente cependant un risque : si la péridurale est asymétrique, c'est-à-dire s'il y a une zone du corps moins bien soulagée par la péridurale, cette zone peut rester sensible et donc la césarienne peut être pratiquée sans une analgésie parfaite si la situation obstétricale exige une intervention immédiate. Si ces situations sont évitées au maximum par les équipes, elles peuvent néanmoins malheureusement se présenter. Mieux vaut être prévenue que tout n'est pas parfait

dans les prises en charge médicales, même si toutes les équipes font de leur mieux pour vous accompagner et vous soulager de la douleur au moment de la naissance… ;

- soit il s'agit d'une césarienne en extrême urgence, pour laquelle on n'a pas le temps d'effectuer une rachi-anesthésie s'il n'y a pas de péridurale en place, ou bien pour laquelle le temps d'action des produits injectés dans le cathéter de péridurale est trop long pour pouvoir pratiquer la césarienne suffisamment rapidement.

Ces situations sont rarissimes, fort heureusement, et sont évitées autant que possible car les produits anesthésiques sont injectés dans le sang *via* une perfusion et non plus dans l'espace péridural. Le fait que les produits d'anesthésie soient véhiculés par le sang entraîne un potentiel passage de la barrière placentaire et le fœtus peut recevoir de l'anesthésiant si la sortie de l'enfant n'est pas réalisée extrêmement vite. Si le nouveau-né a reçu des produits anesthésiques *via* le placenta, il devra être surveillé et pris en charge comme s'il avait été lui-même anesthésié, ce qui implique que des antidotes devront lui être injectés. Pour éviter ces prises en charge pédiatriques délicates, l'anesthésie générale de la mère est toujours le dernier recours dans l'arsenal des différentes méthodes d'anesthésie.

LES DOULEURS DU POST-PARTUM,
ne les occultons pas !

TÉMOIGNAGE D'ANNABELLE, 32 ANS

> *« Pendant la grossesse, je n'ai pas cessé d'avoir mal : au dos, au ventre, aux seins... Et toujours la même réponse des professionnels : "Madame, le traitement, c'est l'accouchement !" Du coup, j'avais mon horizon bien clair devant moi : j'avais bien intégré que ce n'était que l'affaire de quelques mois, et basta ! Je supportais donc assez bien la douleur car je la savais normale et temporaire. Ensuite, j'ai accouché, et je dois dire que j'ai adoré : équipe au top, mon compagnon au sommet et mon bébé adorable. Tout était vraiment parfait ! J'avais, de plus, bien intégré que j'en aurais fini avec la douleur puisque j'avais accouché – j'étais euphorique ! De nouveau, mon corps à moi et rien qu'à moi. Seulement voilà, le lendemain, c'est comme si je m'étais réveillée avec une putain de gueule de bois. Non seulement la douleur n'avait pas disparu de mon champ corporel, mais elle était bien pire, bien plus présente. Mal au ventre à cause des contractions. Mal à la cicatrice de déchirure et aux hémorroïdes. Mal aux tétons à cause de l'allaitement. Mal au dos à cause de l'allaitement et d'une pose de péridurale un peu compliquée. Pas de doute : non seulement la douleur était toujours là, mais elle n'était pas près de disparaître. Maintenant, cela fait bientôt quatre mois et, depuis que j'ai accouché, c'est simple : j'ai toujours l'impression qu'il y a un truc qui cloche. »*

» Le quatrième trimestre

Connaissez-vous la différence entre une jeune accouchée et Cendrillon ? Eh bien, contrairement à Cendrillon, dont le carrosse redevient instantanément citrouille au douzième coup de minuit, la jeune accouchée ne retrouve pas sa forme physique d'avant la grossesse d'un coup de baguette magique après l'accouchement. Non, il faut du temps, et parfois beaucoup de temps pour s'en remettre. Et ce laps de temps n'est pas une phase exempte de douleurs de tous ordres : douleurs du périnée, douleurs de la poitrine, fatigue extrême... mais aussi douleur psychique : charge mentale, hypervigilance, baby-blues, dépression du post-partum, etc.

Pour se rendre compte de ce que c'est qu'accoucher, j'utilise souvent un parallèle avec l'alpinisme de haut niveau. Finalement, accoucher, c'est comme grimper l'Everest : même avec des conditions météorologiques optimales, un équipement technique parfaitement adapté et une excellente condition physique, il est normal d'être épuisé et de sentir son corps endolori par l'effort pendant de nombreux jours après l'ascension. Évidemment, la fatigue est décuplée si la météo était à la tempête, s'il y a eu des avaries matérielles ou si on commence à grimper avec une jambe dans le plâtre. Dites-vous bien que c'est exactement pareil pour l'accouchement : il est non seulement normal mais, bien plus, il est logique que l'accouchement nécessite du temps pour s'en remettre, au regard de l'effort physique qu'il a représenté. Personne n'aurait l'idée d'enchaîner des nuits sans sommeil, de manger de manière totalement hiératique et de prévoir de recevoir dix journalistes par jour immédiatement après une ascension de l'Everest. Dites-vous que c'est pourtant exactement ce qui pourrait se profiler pour vous après votre accouchement : courtes nuits, nourriture d'hôpital puis peut-être des plats tout préparés par manque de temps et par fatigue, visites incessantes des proches... Et, bien sûr, vous pouvez ajouter de l'épuisement supplémentaire s'il y a eu des pathologies au cours de la grossesse ou des complications à l'accouchement.

Vu comme cela, on comprend mieux pourquoi il est parfois si difficile de se remettre de son accouchement, non ? Alors prenez le taureau par les cornes et renvoyez immédiatement la culpabilité au placard : après cet intense effort physique, vous allez devoir vous re-po-ser. Si c'est bien d'une prescription médicale qu'il s'agit là, sa mise en œuvre n'est que très partiellement du ressort des médecins et des sages-femmes : ici, c'est l'entourage qui doit prendre le relais du corps médical, puisqu'il n'existe aujourd'hui presque aucune solution médicalisée pour aider au rétablissement post-partum. Au contraire, la tendance est même au désengagement de l'institution médicale dans cette phase de rétablissement, puisque de plus en plus d'établissements pratiquent les retours précoces à domicile – désengagement qui ne concerne d'ailleurs pas que les jeunes accouchées, puisque les durées d'hospitalisation se raccourcissent de plus en plus, tous services confondus. Cependant, l'épuisement du post-partum n'a pas disparu avec le raccourcissement du temps de séjour en suites de couches, il a tout simplement été transféré au domicile des patientes. Certes, et heureusement, les visites à domicile de sages-femmes sont de plus en plus facilement accessibles à toutes grâce à une augmentation de la part d'exercice libéral chez mes consœurs, mais ce suivi individualisé n'est pas suffisant pour répondre à tous les besoins d'une jeune accouchée, loin s'en faut. Il y a donc toute une organisation à mettre en place en amont de la naissance pour que l'après-accouchement se fasse sans douleur... ou presque. Je ne promets à personne de donner ici des recettes miracles pour traiter les douleurs du post-partum, mais au moins des clés pour identifier les problèmes et des pistes pour essayer de les résoudre.

LES DOULEURS PÉRINÉALES

TÉMOIGNAGE DE NOÉMIE, 34 ANS

> *« Une fois le soulagement de savoir mon fils sorti de mon ventre et en bonne santé, je me souviens des douleurs pour sortir le placenta, mais assez peu lors des deux points de suture nécessaires. En revanche, j'ai trouvé que les jours qui ont suivi étaient difficiles : je ressentais comme des bleus internes, mes abdominaux étaient très endoloris – c'était dû à l'effort de poussée, je pense. J'avais des brûlures et des difficultés à faire pipi, et une angoisse incommensurable à l'idée de devoir faire caca… »*

TÉMOIGNAGE DE STÉPHANIE, 38 ANS

> *« J'ai eu la chance d'être relativement épargnée par les douleurs classiques du post-partum. Tout ce qui est utérus, périnée… Cela s'est remis en place très correctement, car mes accouchements s'étaient bien passés. Je n'ai pas eu d'infection ou autre. J'ai une amie qui, à l'inverse, a énormément souffert des suites de son épisiotomie : elle ne pouvait tout simplement pas s'asseoir ! Ce qui n'est clairement pas évident avec un nouveau-né à gérer, et je l'admire pour cela. »*

TÉMOIGNAGE DE CLAIRE, 36 ANS

> *« Pour mon deuxième accouchement, l'après-voie basse a été beaucoup plus compliqué. Je n'ai pas eu d'épisiotomie ni de déchirure au niveau du périnée, mais j'ai eu quelques points de suture sur des éraillures, et surtout j'ai eu un œdème de la vulve très important pendant quarante-huit heures, puis des hémorroïdes pendant plusieurs semaines. Le retour à la maison a été difficile car je ne pouvais pas marcher ou presque : j'étais environ vingt fois moins mobile qu'après ma césarienne, ce qui semble paradoxal. Je vais être un peu cash, mais j'avais une pesanteur telle que j'avais l'impression d'avoir une boule de pétanque au niveau de l'anus et une autre au niveau du vagin… C'était*

douloureux également pour allaiter mon bébé, car trouver une position qui n'appuyait pas trop en bas n'était pas simple. J'ai fait tout ce que j'ai pu en termes de traitements et de soins locaux, tout en m'occupant de mon bébé. C'était fastidieux, pas glamour du tout du tout, et surtout déprimant car j'avais le sentiment que les séquelles de tout cela pourraient perdurer dans le temps. Finalement, je suis très progressivement venue à bout de chaque douleur encombrante : j'ai arrosé mes éraillures avec de l'eau froide les premiers jours quand j'urinais pour éviter que cela ne me brûle ; j'ai pris un traitement de cheval pour les hémorroïdes (suppositoires avec corticoïdes, crème de la même gamme, application de glace plusieurs fois par jour, compresse de glucose à 5 %) ; et j'ai aussi fait sauter un point qui me gênait par ma sage-femme libérale. Et après, la rééducation du périnée m'a vraiment bien aidée pour la récupération globale. »

LES DOULEURS DE CICATRICE POST-ACCOUCHEMENT : ŒDÈME VULVAIRE, DÉCHIRURE ÉPISIOTOMIE ET CÉSARIENNE

L'accouchement laisse des traces dans le corps, dont certaines sont visibles à la surface, marquent la peau par des cicatrices qui témoignent de l'événement qui s'est produit. Et la peau masque les structures profondes, qui sont parfois elles aussi déchirées, coupées, rompues, et doivent également cicatriser petit à petit. Ce processus de cicatrisation est d'autant plus long qu'il concerne de nombreuses structures tissulaires : une déchirure superficielle de la peau (éraillure) ou de la muqueuse vaginale sera beaucoup plus rapide à se résorber qu'une épisiotomie qui aura sectionné la peau, le vagin et les muscles périnéaux qui sont sur le trajet de l'incision (les muscles bulbo-caverneux, transverse superficiel, et le muscle puborectal), ou encore à plus forte raison que la césarienne, qui implique une incision cutanée de l'aponévrose des muscles abdominaux, du péritoine et de l'utérus. Toute cette longue liste des tissus incisés ou sectionnés n'est pas là pour vous effrayer mais pour vous assurer de votre pleine légitimité à avoir mal et à être fatiguée par la cicatrisation. C'est un gros travail de réparation qui est demandé à votre corps, et il a donc besoin d'aide dans cette tâche de reconstruction : repos, antalgiques et aide dans toutes les tâches quotidiennes sont donc indispensables pour soutenir ce processus de réparation.

COMMENT SOULAGER LA DOULEUR DE L'ŒDÈME VULVAIRE DU POST-PARTUM ?

La plupart des femmes développent un œdème au niveau de la vulve après l'accouchement : la compression des tissus engendrée par l'appui et le passage du bébé entraîne par réaction un gonflement de la vulve, qui se retrouve gorgée de liquide, exactement comme une bosse sur le front lorsque l'on se cogne la tête. Cet œdème peut être gênant voire douloureux et parfois très volumineux. Bien qu'il se résorbe spontanément en quelques jours, voici quelques conseils utiles ainsi que plusieurs solutions qui pourront vous être proposées en suites de couches et que vous pourrez prolonger à la maison :

- sous la douche, lavez-vous avec précaution et sans frotter ni appuyer pour ne pas entretenir ni accentuer l'œdème. N'hésitez pas à descendre progressivement la température du jet que vous réglerez sur la puissance minimale, pour aider à la résorption de l'œdème. En effet, le froid est bénéfique dans tous les contextes inflammatoires ;
- mettez des serviettes périodiques préalablement imbibées d'eau au congélateur, pour vous constituer des pochons de glace « faits maison ». Ne placez pas la serviette congelée directement contre votre peau, pour éviter tout risque de brûlure par le froid : placez-la à l'extérieur de votre culotte, contre votre vulve, puis enfilez une seconde culotte pour maintenir la serviette glacée en place. Cette technique de la double culotte est très pratique mais, si elle ne vous protège pas assez du froid, entourez la serviette glacée d'un tissu ou d'un gant de toilette fin ;
- portez des collants ou des bas de contention, qui améliorent considérablement la circulation sanguine dans tout le bas du corps et dont le périnée bénéficie aussi ;
- évitez la station debout prolongée, qui favorise les appuis sur le périnée, et privilégiez les positions où la pesanteur est moindre sur le périnée

(allongée, semi-assise). Dès que possible, surélevez vos jambes avec des coussins pour favoriser le retour veineux ;

- évitez également les coussins troués ou les bouées parfois vendus pour les hémorroïdes ou les épisiotomies : ils ont tendance à augmenter la pression sur la vulve et donc l'œdème vulvaire ;
- la phytothérapie peut se révéler utile, en synergie avec une solution hypertonique à appliquer localement : mélangez un bouchon de teinture mère de calendula ou d'hamamélis, que vous trouverez facilement en pharmacie ou en magasin bio, avec une cuillerée à soupe de sel dans un petit verre d'eau tiède. Trempez dans cette solution hypertonique un linge fin ou des compresses, puis appliquez-les contre votre vulve pendant cinq à dix minutes. Conservez cette solution pour une prochaine application, à renouveler trois à cinq fois par jour jusqu'à disparition de l'œdème. Vous pouvez combiner à ces applications de compresses des petits massages de la zone vulvaire, pour aider à drainer l'œdème : appuyez sans frotter avec la pulpe des doigts sur les zones gonflées et faites des mouvements circulaires ; déplacez vos doigts pour pouvoir atteindre l'ensemble des zones gonflées afin d'obtenir un effet drainant sur l'intégralité de la zone ;
- pour celles qui ont l'habitude de se tourner vers l'homéopathie, les granules d'*Apis mellifica* 9 CH sont recommandées par certaines sages-femmes homéopathes : renseignez-vous auprès de votre pharmacien·ne ou de votre praticien·ne homéopathe, qui pourra adapter le type de granules en fonction de vos besoins ;
- si l'œdème est très douloureux, des antalgiques (paracétamol) et des anti-inflammatoires (ibuprofène) pourront vous être prescrits, y compris si vous allaitez.

TÉMOIGNAGE DE VIOLAINE, 33 ANS

> *« Je me souviens qu'on m'a dit m'avoir recousue, parce qu'il avait fallu faire une toute petite incision. C'est le seul bémol – mais de taille – de mon premier accouchement. Je ne me serais évidemment pas opposée au principe de l'épisiotomie, j'avais bien compris qu'il y avait quand même une sorte de petite urgence, que le rythme cardiaque du bébé n'était pas top. Mais j'estime qu'il aurait fallu* a minima *m'informer avant de faire l'incision. En tout cas, au moins, je ne me souviens pas d'avoir souffert par la suite de la cicatrisation. J'ai eu des sensations un peu désagréables de temps en temps, pendant*

> *un temps l'impression sous la douche de nettoyer un machin tout gonflé et sensible, mais rien de bien méchant. »*

COMMENT SOULAGER LA DOULEUR D'UNE CICATRICE DE DÉCHIRURE OU D'ÉPISIOTOMIE ?

Très souvent, les déchirures sont accompagnées d'un hématome et d'un œdème localisés autour de la cicatrice, qui participent beaucoup à créer des douleurs. Aussi, vous pouvez mettre en œuvre l'ensemble des conseils que j'ai présentés dans les pages précédentes, auxquels vous pouvez ajouter ces quelques précautions si vous ressentez une douleur spécifiquement liée à la cicatrisation :

- sous la douche lors de la toilette intime, utilisez un savon doux liquide à pH neutre pour éviter les sensations de brûlure et favoriser une cicatrisation harmonieuse. Une seule toilette par jour suffit. Faites-vous également une toilette intime au savon doux après avoir été à la selle afin d'éviter la prolifération des germes et donc limiter les risques d'infection ;
- si vous ressentez comme une piqûre ou une brûlure sur la cicatrice au moment où vous urinez, munissez-vous d'une petite bouteille d'eau et faites s'écouler doucement de l'eau en même temps que vous urinez. Cela diluera les urines et diminuera la sensation de brûlure liée au contact avec l'ammoniac contenu dans l'urine ;
- si des tiraillements ou une gêne se localisent très précisément à l'endroit d'un point de suture, signalez-le à votre sage-femme ou gynécologue, qui pourra procéder à l'ablation du point gênant. Parfois, certains points sont réalisés en surtension et provoquent une douleur liée à ces tissus trop fortement mobilisés par la suture. En général, le fait d'ôter un point ne fragilise pas la suture et n'empêche pas une bonne cicatrisation par la suite ;
- comme pour toute cicatrice, il faut empêcher la survenue d'une chéloïde (durcissement et gonflement de la cicatrice), et pour cela, il faut… masser ! Dès que la cicatrice est refermée et que la surface de la peau est nette, il faut réaliser un massage profond des tissus afin d'assouplir au maximum la zone cicatricielle. Cela est d'autant plus important que la cicatrice est grande. Les cicatrisations difficiles sont responsables de beaucoup de dyspareunies du post-partum (douleurs pendant les rapports) ; aussi, même si ces massages profonds sont désagréables voire franchement

douloureux sur le moment, c'est un gain énorme pour la reprise d'une vie sexuelle non douloureuse après l'accouchement ;

› pendant les jours suivant l'accouchement, pensez à laisser un maximum votre cicatrice à l'air libre : mettez une serviette de bain sur votre lit et enlevez votre culotte et vos protections hygiéniques afin de limiter la prolifération microbienne. En effet, les bactéries adorent les atmosphères chaudes et humides, aussi plus vous serez au sec et mieux la cicatrisation se passera ! Il n'est pas nécessaire de procéder à des désinfections (sauf prescription médicale contraire) ; vous pouvez cependant appliquer de la teinture mère de calendula matin et soir afin d'aider à la cicatrisation. Attention, la teinture mère est une solution phytothérapique à base d'alcool, donc il se peut que vous ressentiez un picotement lors de l'application du produit.

TÉMOIGNAGE DE JULIETTE, 31 ANS

« L'après-césarienne s'est avéré assez simple, si ce n'est les deux premiers jours où je n'arrivais pas à évacuer mes gaz (!), ce qui a été assez douloureux. Mais cela s'est réglé avec le temps et en reprenant un minimum d'activité physique : dès que j'ai pu me lever, j'ai fait le tour du service pour marcher et relancer la machine ! »

PROTOCOLE DE MASSAGE DE CICATRICE PÉRINÉALE POUR ÉVITER LES DOULEURS RÉSIDUELLES

- Lavez-vous les mains et installez-vous en position semi-assise sur une serviette de bain posée sur votre lit.
- Prenez un peu d'huile végétale type huile d'olive, de colza ou de tournesol, et enduisez-en votre pouce et votre index de la main opposée au côté de la cicatrice (donc si la cicatrice est à gauche, utilisez votre main droite).
- Glissez votre pouce à l'intérieur du vagin, la pulpe du doigt contre la peau de la fourchette vaginale. Formez une « pince » en posant votre index et votre majeur en face du pouce, de telle sorte que vous allez pouvoir masser en interne et en externe la cicatrice, comme si vous vouliez l'attraper entre vos doigts. Si vous n'arrivez pas à sentir avec vos doigts où se trouve la cicatrice,

posez un miroir devant vous pour localiser la zone à masser. Au passage, je recommande dans tous les cas d'utiliser au moins une fois un miroir, ne serait-ce que pour se rendre compte des changements qui ont eu lieu au niveau de la vulve après l'accouchement : souvent, cela dédramatise beaucoup car on peut s'imaginer des choses beaucoup plus impressionnantes que ce qu'elles ne sont réellement !

- Avec cette pince, prenez appui sur votre pouce et faites glisser votre index et votre majeur sur la peau en appuyant progressivement de plus en plus fort afin d'assouplir les tissus. Insistez sur les zones où vous sentez qu'il y a un durcissement des tissus sous la peau : ce sont des zones à risque d'hypertrophie cicatricielle. De plus, faites attention à ne pas former de petites plaies sur la peau avec un massage trop vigoureux ou pas assez lubrifié (pensez à mettre de l'huile en quantité suffisante !). En cas de doute sur la façon de masser et l'intensité du massage, demandez à votre sage-femme qu'elle vous montre comment procéder.

COMMENT SOULAGER LES DOULEURS POSTOPÉRATOIRES DE LA CÉSARIENNE ?

On ne l'expliquera jamais assez : la césarienne est une intervention chirurgicale, autrement dit une opération, et bien qu'elle soit d'un genre tout à fait spécial puisqu'elle débouche sur une naissance, elle n'en reste pas moins un grand bouleversement pour le corps. De même que l'on ne se remet pas à courir comme un cabri le lendemain d'une opération de l'appendicite, on ne peut pas retrouver instantanément son agilité quotidienne après une césarienne. Il faut parfois du temps avant de retrouver son autonomie, et il y a quelques astuces qui peuvent diminuer les douleurs postcésariennes. Il faut avant tout préserver vos muscles abdominaux d'efforts trop importants et éviter les frottements sur la cicatrice :

- lorsque vous vous relevez de votre lit, passez toujours par une étape intermédiaire en vous mettant sur le côté et en vous soulevant à l'aide de vos bras en repoussant le matelas. Vous solliciterez ainsi beaucoup moins vos abdominaux pour vous redresser ;

- lorsque vous riez, marchez, changez de position, urinez ou déféquez : tenez votre ventre entre vos mains, cela diminue les tensions sur la cicatrice de césarienne ;
- portez des vêtements non serrés à la taille, privilégiez les culotte type « filet », qui ne frottent pas sur la cicatrice, et préférez les robes et les chemises de nuit aux pantalons, dont les ceintures sont souvent au niveau de la cicatrice de la césarienne ;
- vous pouvez nouer une écharpe autour de votre taille (veillez à positionner le nœud sur le côté ou l'arrière et non sur le devant) afin d'avoir un maintien constant de votre utérus.

Plus que dans tout autre cas de figure, la prise systématique d'antalgiques selon la prescription médicale qui vous aura été faite est extrêmement importante pour éviter qu'une douleur de plus haute intensité ne s'installe. Et pour éviter les douleurs à long terme, comme pour toute cicatrice après chirurgie, il est recommandé de la masser très régulièrement une fois qu'elle s'est refermée et que la peau a totalement cicatrisé, afin d'assurer une bonne souplesse des tissus et éviter la formation d'une chéloïde (cicatrice en relief).

LA ZONE PÉRIANALE ET L'ÉMISSION DES SELLES

Lors de l'accouchement, très nombreuses sont les femmes qui auront une poussée hémorroïdaire en post-partum, y compris certaines qui n'avaient pas eu ce type de problème pendant la grossesse. Ce gonflement des veines hémorroïdes est directement lié aux efforts de poussée fournis pendant l'accouchement : les veines de la région périanale sont fortement comprimées au moment du passage du bébé par le tractus génital et peut s'ensuivre une poussée hémorroïdaire qui peut durer pendant plusieurs jours suivant l'accouchement. Bien que cette affection soit sans gravité, elle peut parfois causer des douleurs extrêmement aiguës, qui peuvent être traitées de manière médicamenteuse par des veinotoniques et des antalgiques (pour plus de précisions sur le traitement de la crise hémorroïdaire, reportez-vous à la page 59 de cet ouvrage).

Qu'il y ait ou non présence d'hémorroïdes, et qu'il y ait eu ou non déchirure ou épisiotomie, il est banal d'avoir une appréhension lors des premières défécations en post-partum : peur d'avoir mal, peur que la suture de la cicatrice lâche… Aucun risque que vous abîmiez la cicatrice en allant aux toilettes, même si vous devez fournir un léger effort de poussée pour extérioriser les selles. Cependant, cette zone du corps ayant été tellement bouleversée par l'accouchement, il est possible que vous ressentiez une douleur lors de l'émission des selles. La douleur et/ou son anticipation peuvent alors causer des constipations d'origine psychologique. Afin de ne pas laisser s'installer une constipation en post-partum, parlez immédiatement de toute douleur ou appréhension à votre sage-femme ou aux infirmières qui prendront soin de vous en suites de couche ; elles sauront vous donner des conseils adaptés à votre situation, en fonction du déroulement de votre accouchement et de ses suites. Vous pouvez également vous reporter à la page 58 de cet ouvrage, où vous trouverez tout une liste de conseils et d'astuces pour limiter la constipation et favoriser un transit régulier.

TÉMOIGNAGE DE SABINE, 29 ANS

> *« Bon, c'est le truc pas glamour du tout, et auquel je n'étais pas du tout préparée : les hémorroïdes… Tu viens d'avoir ton bébé – et tu deviens maman, ce qui n'est pas rien ! –, tu dois apprendre à t'occuper de ton bébé – et moi je ne savais absolument rien faire ! –, tu essaies de l'allaiter – et pour moi cela a été compliqué –, et en plus de tout cela, tu dois aussi gérer les meurtrissures de ton corps… Au passage, merci les couches pour les fuites urinaires : elles m'ont bien aidée à ne pas trop penser à cela. Par contre, aller à la selle, c'était l'angoisse… J'ai attendu pendant trois jours tellement j'avais peur de le faire. Et cela, on ne t'en parle pas avant, jamais. On ne te parle que du bébé, de la manière de le calmer quand il pleure, etc., mais pas de ce que toi, tu dois subir, et à quel point ton corps va être malmené. »*

LES BRÛLURES MICTIONNELLES ET LES DIFFICULTÉS URINAIRES DU POST-PARTUM

Lorsque l'on a bénéficié d'un accouchement sous péridurale ou d'une césarienne, des sondages urinaires ont été pratiqués à l'aide d'une sonde en plastique souple insérée dans l'urètre afin d'aider à vider la vessie en l'absence d'un sphincter urinaire normalement mobile. En effet, la péridurale ou la rachi-anesthésie ont pour conséquence d'endormir le sphincter urinaire, aussi la vidange régulière de la vessie doit-elle être faite de manière artificielle à l'aide d'une sonde. Celle-ci peut rester en place (sonde à demeure), auquel cas elle est reliée à une poche, ou bien elle peut être posée uniquement au moment où la vessie doit être vidée (sondage aller-retour). Dans l'un ou l'autre cas, ce passage par l'urètre peut causer une irritation du méat urinaire et du canal par lequel les urines s'écoulent, entraînant des sensations de brûlure ou de picotement dans cette zone. Ce n'est pas nécessairement le signe d'une infection, cela peut simplement témoigner de l'inflammation locale et transitoire créée par l'insertion et le retrait de la sonde. Cependant, en cas de brûlures mictionnelles, signalez-les au personnel soignant, qui s'assurera de l'absence d'infection et vérifiera que le volume et la fréquence de vos urines sont suffisants.

Par ailleurs, les fibres nerveuses qui commandent la vessie et le sphincter urinaire sont comprimées au moment du passage du bébé, ce qui peut provoquer des microlésions à ce niveau. Aussi, lors de votre séjour en maternité ou une fois rentrée à domicile, si vous avez des incontinences ou si vous éprouvez des difficultés à la miction (vidange incomplète de la vessie, douleur, obligation de « pousser » pour que les urines sortent, etc.), signalez-le à la sage-femme qui s'occupe de vous en post-partum afin d'écarter tout risque de dysfonctionnement vésical.

LES DYSPAREUNIES DU POST-PARTUM ET LES TRANSFORMATIONS DU RAPPORT À SOI ET À SON CORPS

Parmi les sujets invisibilisés voire tabous, il y a la question de la douleur des femmes pendant les rapports sexuels. La médecine intègre ces douleurs dans la catégorie des troubles de la sexualité appelés « dyspareunies ». Cette invisibilisation vient se superposer à un sujet souvent peu abordé qui est la reprise d'une sexualité après l'accouchement. Quand reprendre les rapports ? Y a-t-il un bon moment pour cela ? Faut-il attendre un certain temps avant d'avoir des rapports sexuels ? Y a-t-il des risques pour la cicatrisation, des risques infectieux ? Est-ce que ce sera différent d'avant ? Et si le désir ne revient pas tout de suite, ou pas du tout ? Toutes ces questions, toutes les femmes se les posent de manière plus ou moins anxieuse, plus ou moins culpabilisante. Ainsi, au-delà de la douleur physique au niveau du périnée qui peut perdurer après l'accouchement, il y a aussi une part de difficulté psychique à intégrer la nouvelle donne que représente le fait d'avoir vécu dans et à travers son corps une expérience inédite, qui laisse des traces pendant plusieurs semaines, plusieurs mois voire plusieurs années. Reprenons chaque question et voici mes conseils pour identifier, éviter, limiter ou traiter des dyspareunies du post-partum.

Concernant la reprise des rapports sexuels, il n'y a pas de moment privilégié pour reprendre une sexualité après l'accouchement, il n'y a pas de délai minimal ni de date au-delà de laquelle vous devez vous dire que votre sexualité est fichue (elle ne l'est jamais !) : c'est votre désir qui doit vous guider, et le moment où la libido se manifeste est très variable d'une femme à l'autre, de même que son intensité d'expression. Quant au risque infectieux ou d'endommager la cicatrice, suivez votre bon sens et vos sensations : si vous avez mal, c'est sans doute que le processus de cicatrisation n'est pas achevé et donc qu'il ne faut pas aller dans cette direction. Si les douleurs se prolongent dans le temps, faites examiner votre cicatrice par une sage-femme ; en effet, il n'y a pas que la cicatrisation externe qui compte, et une sage-femme ou un·e gynécologue pourra évaluer la façon dont les tissus internes ont cicatrisé. Un rappel tout à fait basique mais qui pourrait ne pas être inutile : un rapport sexuel n'a jamais à être douloureux. Si vous ressentez de la douleur pendant les rapports, parlez-en avec votre praticien·ne traitant·e, qui vous orientera vers des spécialistes si votre prise en charge le nécessite.

Avec ou sans douleur, il est indéniable que, pour la très grande majorité des femmes et des couples, la reprise d'une activité sexuelle se fait progressivement, et la plupart du temps plusieurs mois après la naissance. Le fait d'avoir une baisse de libido (en particulier pour les femmes, car elles sont éprouvées physiquement par l'accouchement) voire une disparition complète juste après l'accouchement est un phénomène normal : les réserves d'énergie sont basses à cause de la fatigue de l'accouchement, et presque toute l'énergie est concentrée sur le nouveau-né – c'est à peine si les jeunes parents arrivent à manger correctement et à se tenir propres... Ce temps de récupération, nécessaire pour recharger les batteries vitales, est extrêmement variable d'une femme à l'autre ; mais il est rare que cela prenne moins de six semaines, et très fréquent que cela mette plusieurs mois voire plusieurs années. Tout cela, bien que cela puisse paraître surprenant, est normal. Pourtant, cet état de fait reste relativement méconnu car non seulement on n'en parle pas, mais on a l'idée qu'après l'accouchement il devrait y avoir un retour à l'état antérieur. Or le fait de mettre un enfant au monde transforme le corps profondément et durablement, il l'altère au sens où il le fait devenir autre. Cette modification durable du corps par l'accouchement, si elle peut faire peur, peut aussi être vue comme un passage vers un nouvel état du corps ; de la même façon que la puberté le transforme durablement tout en ne le laissant pas perpétuellement dans cet état de transition, l'accouchement est un passage qui le transforme pour l'amener vers une nouvelle phase de vie, comme la chrysalide est une étape transitoire entre deux états plus stables et de plus longue durée.

Apercevoir la dimension du changement dans le vécu corporel du post-partum, c'est pouvoir donner un sens nouveau aux transformations physiques, aux modifications des sensations et des perceptions, à l'absence de retour au « corps d'avant ». La sexualité est souvent le lieu de la cristallisation de cette confrontation aux changements consécutifs à la parentalité, ce qui rend ce champ de la vie intime particulièrement sujet à des transformations importantes... Parfois pour le meilleur, cela dit en passant ! Car les bouleversements du post-partum apportent aussi leur lot de surprises positives – et heureusement ! – et vous n'êtes pas à l'abri de découvrir de nouveaux espaces inexplorés jusqu'à présent. En revanche, si vous constatez que la sexualité devient une problématique face à laquelle vous vous sentez perdue, tournez-vous sans tarder vers un accompagnement par un·e professionnel·le de santé spécifiquement formé·e en sexologie. En effet, vous gagnerez toujours à aller consulter un·e professionnel·le, ne serait-ce que pour accélérer l'obtention de résultats – que vous auriez certes peut-être pu obtenir par vous-même avec du temps, mais ici le fait d'aller consulter est une démarche qui accélère de manière notable le dénouement de certaines problématiques.

LES DOULEURS UTÉRINES ET OSSEUSES DU PETIT BASSIN

LES TRANCHÉES

LE RÔLE DES CONTRACTIONS DU POST-PARTUM

Beaucoup de femmes, en particulier celles qui allaitent, sont surprises par les douleurs qu'elles ressentent au niveau de l'utérus après l'accouchement. En effet, le muscle utérin doit se contracter pour aider l'utérus à retrouver progressivement sa taille et sa place habituelles, c'est-à-dire juste derrière la vessie. Imaginez donc le chemin qu'il a à parcourir pour retrouver sa taille initiale alors qu'il enveloppait un bébé plus un placenta et du liquide amniotique encore quelques heures auparavant ! En dehors de la grossesse, l'utérus a la taille d'un citron et pourrait tenir dans la paume de votre main, tandis qu'immédiatement après l'accouchement, il a plutôt la taille d'une pastèque – plus difficile à tenir dans le creux de la main ! Bien sûr, Rome ne s'est pas faite en un jour, et il faudra plusieurs semaines pour qu'il revienne à son état hors grossesse. Ce rapetissement se fait au prix de contractions utérines qui lui permettent de se rétracter progressivement tout en chassant le sang résiduel lié à l'accouchement. Ces contractions sont directement liées à la sécrétion d'ocytocine, qui permet aux fibres musculaires lisses de l'utérus de se rétracter. C'est la même hormone qui permet d'éjecter le lait (par contraction de ce même type de fibres musculaires, mais au niveau des glandes et canaux lactifères), et la production d'ocytocine est stimulée notamment par la succion d'un enfant au sein. Aussi, il n'est pas étonnant que des douleurs du type des règles, parfois très fortes, apparaissent pendant la tétée – et c'est même très normal puisque c'est la même hormone qui entre en jeu pour ces deux mécanismes (éjection du lait, contraction de l'utérus).

Ces contractions spécifiques du post-partum s'appellent les « tranchées ». Elles sont particulièrement puissantes les premiers jours après l'accouchement, puis s'atténuent progressivement à mesure que l'utérus rapetisse. De surcroît dans cette période où la fatigue corporelle résultant de l'accouchement va se cumuler avec celle liée au manque de sommeil et à l'état d'hypervigilance des premiers jours, la résistance à la douleur est abaissée : la perception d'une douleur est toujours contextuelle, aussi à un même niveau de stimulus douloureux la réponse sera différente selon l'état émotionnel, l'état de fatigue, le fait d'être concentrée sur quelque chose, etc. Ainsi, la douleur des tranchées peut parfois être perçue par certaines femmes comme plus importantes que les douleurs de l'accouchement. Surtout si vous avez bénéficié d'une péridurale, l'intensité de ces contractions du post-partum peut être surprenante.

TÉMOIGNAGE DE JUDITH, 39 ANS

> *« J'ai eu quelques tranchées pour mon deuxième enfant : il paraît que c'est normal qu'elles soient de plus en plus fortes au fur et à mesure des naissances. Je m'en souviens suffisamment pour pouvoir dire que c'est effectivement assez désagréable, d'autant qu'elles avaient tendance à venir au moment des tétées. Difficile dans ces conditions de savourer l'instant, comme dans les films… »*

COMMENT SOULAGER LES DOULEURS DES TRANCHÉES ?

Après l'accouchement, vous recevrez une prescription d'antalgiques – car heureusement la prise en charge de la douleur ne s'arrête pas après avoir refermé les portes de la salle d'accouchement ! Cependant, les douleurs post-accouchement sont des douleurs dont on parle peu et dont la prise en charge n'est malheureusement pas toujours optimale selon les établissements hospitaliers. Ainsi, j'insiste particulièrement sur une chose : ne restez pas avec une douleur non soulagée après l'accouchement car des solutions, médicamenteuses et non médicamenteuses, existent, qu'il s'agisse des tranchées ou de toute autre douleur du post-partum. La douleur des tranchées est proche de celle des règles, aussi, si vous y êtes sujette et que vous savez comment les apaiser, le protocole sera sans doute très proche. Par exemple, si vous savez que le paracétamol n'agit pas sur ces douleurs mais que les anti-inflammatoires non stéroïdiens (AINS) tel que l'ibuprofène sont efficaces, demandez au ou à la praticien·ne qui vous prend en charge en suites de couches à recevoir une prescription d'AINS, qui sont compatibles avec l'allaitement si votre enfant est au sein.

À retenir : en cas de doute sur la compatibilité d'une prise médicamenteuse avec l'allaitement, les notices contenues dans les boîtes de médicaments ne sont pas toujours d'une grande aide car les laboratoires pharmaceutiques indiquent souvent par précaution que le médicament est déconseillé pendant l'allaitement. Aussi, je vous recommande de vous tourner vers la référence en la matière : www.lecrat.fr.

Pensez également à anticiper les événements qui déclenchent les tranchées. Si vous allaitez à la demande, la prise systématique d'antalgiques et/ou d'anti-inflammatoires pendant les premiers jours suivant la naissance est le mode de traitement le mieux adapté. Pensez aussi à vous installer confortablement au moment où vous nourrissez votre enfant : une posture dynamique mais confortable contribue à diminuer la douleur. Enfin, outre les antalgiques et anti-inflammatoires, les applications chaudes soulagent toujours efficacement des douleurs de ventre ; donc, même en été, la bouillotte sera réconfortante !

TÉMOIGNAGE DE MAUD, 35 ANS

> *« J'ai eu la chance de n'avoir pas ou peu de douleur en post-partum après mon premier accouchement, qui s'est déroulé par césarienne. Hormis un pic de contractions une fois rentrée à la maison, lié à la montée laiteuse, je n'ai pas vraiment souffert. J'étais simplement un peu distendue et sans contenance au niveau abdominal, mais au bout de dix jours je me sentais presque "comme avant". »*

DOULEURS OSSEUSES DU PETIT BASSIN

PRÉVENIR LES DOULEURS OSTÉO-LIGAMENTAIRES : LA TECHNIQUE DU *REBOZO*

Lors de l'accouchement, toutes les articulations entre les os du bassin ont été rudement sollicitées et parfois mises à mal par le passage du fœtus, et on peut avoir le sentiment d'avoir les os du bassin et tous les organes et les viscères qui « flottent », ou bien qui sont comme désarticulés, chamboulés. L'une des techniques que l'on m'a apprise à la maternité des Bluets après l'accouchement est le *rebozo*, une méthode très simple mais redoutablement efficace qui permet de « resserrer » le bassin et de se sentir ainsi maintenue, amenant un soulagement immédiat de la pesanteur pelvienne et des conséquences de la sollicitation des articulations du bassin au moment de l'accouchement.

Pour réaliser la technique du *rebozo*, il faut deux opérateurs qui vont enserrer votre bassin dans une écharpe (lorsque l'opération est réalisée par des soignant·e·s, on utilise généralement un drap de lit) en exerçant une traction forte sur le tissu pour créer une sorte de large ceinturon très ajusté qui permettra un maintien optimal. Si les praticien·ne·s du lieu où vous accouchez ne connaissent pas cette technique, vous pouvez tout à fait demander à deux personnes de votre entourage de vous aider à la mettre en œuvre. Voici comment procéder :

- pour mettre en place le *rebozo*, vous devez être allongée sur votre lit ou votre canapé, les fesses au milieu de l'écharpe ou du long tissu qui va servir de ceinture. Le tissu est placé perpendiculairement à l'axe du lit, c'est-à-dire que les deux pans longs doivent pendre de chaque côté ;
- les deux opérateurs se placent face à face chacun d'un côté du lit et vont croiser les pans opposés de l'écharpe autour de votre taille. Autrement dit, ils s'échangent les pans de tissu, à plusieurs reprises et en serrant très fort à chaque fois autour de votre bassin. Les tours successifs permettent de former une clé de fermeture solide, et chaque pan libre sera coincé sous la partie du *rebozo* qui enserre votre bassin. Ainsi, le *rebozo* est bien en place : vous pouvez ensuite vous déplacer et conserver cette ceinture

de maintien « faite maison » aussi longtemps qu'elle vous procure du soulagement.

Une petite astuce : veillez à vider votre vessie avant de mettre en place le *rebozo*, car il n'est pas toujours pratique d'aller aux toilettes une fois que celui-ci est en place ! Pour ne pas être obligée de l'enlever au premier appel de votre vessie (et, après l'accouchement, ils sont généralement fréquents !), je vous conseille de mettre en place le *rebozo* sur une jupe. Ainsi vous pourrez le conserver plusieurs heures d'affilée et bénéficier pleinement du confort de ce maintien du bassin.

UNE BRÈVE HISTOIRE DU *REBOZO*

Le *rebozo* est un large tissu mexicain, intermédiaire entre le châle et l'écharpe, et fait partie intégrante du vêtement traditionnel des Mexicaines. L'artiste peintre Frida Kahlo était d'ailleurs toujours parée d'un *rebozo* porté dans les cheveux ou sur les épaules. Le *rebozo* traditionnel sert également à porter les enfants ou les ballots, et, bien que son port ait tendance à décliner dans les villes, il reste une composante forte de l'identité vestimentaire féminine mexicaine. Ce que l'on nomme aujourd'hui « rituel *rebozo* » est une adaptation occidentale et une simplification de tout un ensemble de pratiques qui entourent les jeunes accouchées pendant la période du post-partum. Ce qui en a été retenu et importé ici est l'utilisation du tissu pour réaliser des enveloppements et bénéficier ainsi du réconfort physique et émotionnel qu'ils procurent.

» Le soin rituel *rebozo* : une parfaite idée de cadeau pour les jeunes mères !

Sachez qu'il existe des « rituels *rebozo* » proposés par des instituts privés type établissements de bien-être (spas, hammams, etc.), qui consistent en un long soin, souvent plus de deux heures, réalisé par deux femmes qui font des massages et des enveloppements de certaines parties du corps (tête, pieds, bassin, ventre, épaules, cuisses, genoux) avec une attention particulière portée sur l'effet de « recentrage » et de « regroupement » que procure le fait d'être contenue dans un tissu. Ces rituels *rebozo* sont la plupart du temps assez onéreux (de l'ordre de plusieurs centaines d'euros) mais peuvent constituer un très beau cadeau de naissance de la part de votre entourage ! Et il est bien sûr tout à fait possible de réaliser une adaptation de ce rituel *rebozo* à la maison avec des amies qui auraient envie de vous offrir quelques instants de bons soins, en n'oubliant pas qu'il faudra être au moins trois : deux pour s'occuper de vous et une pour prendre soin de votre petit !

LA LUXATION DU COCCYX : COMMENT L'IDENTIFIER ET QUEL TRAITEMENT ?

Une pathologie qui passe souvent inaperçue après l'accouchement est la luxation – voire la fracture – du coccyx suite au passage du fœtus dans le bassin maternel. Elle se caractérise par une vive douleur en position assise et une impossibilité de trouver une position confortable en dehors de la posture allongée – la position debout peut parfois aussi être douloureuse. Un coussin troué ou une bouée peuvent être utilisés, mais, dans ce cas, attention au risque d'apparition ou d'aggravation de troubles de la circulation pelvienne (notamment pour celles qui sont déjà sujettes aux hémorroïdes et aux varices vulvaires : elles peuvent s'accentuer en post-partum avec l'usage de ce type de coussin).

La plupart du temps, les douleurs coccygiennes (coccygodynies) se résolvent avec la combinaison d'un traitement médicamenteux anti-inflammatoire et antalgique et d'un traitement par thérapie manuelle, avec un·e kinésithérapeute, un·e chiropracteur·trice ou un·e ostéopathe. Cette prise en charge est complémentaire de la rééducation du périnée qui est prescrite à toutes les femmes ayant accouché (y compris par césarienne), car le renforcement des muscles périnéaux va permettre de pallier les faiblesses périnéales engendrées par la grossesse et l'accouchement. En plus du traitement manuel et médicamenteux, vous pouvez également suivre ces conseils simples :

- marchez, mobilisez votre bassin et évitez les stations prolongées dans une même position afin de solliciter les articulations de votre bassin, en particulier le coccyx ;
- choisissez des vêtements confortables et amples, pour limiter au maximum la compression du coccyx ;
- testez les applications de chaud et de froid et voyez celle qui vous soulage le mieux. Il est possible de trouver en pharmacie des poches de gel qui

peuvent être mises soit à réchauffer au micro-ondes, soit à refroidir au congélateur. Très pratiques, elles peuvent alternativement servir à l'un ou l'autre usage.

AUDE, OSTÉOPATHE SPÉCIALISTE DE LA PÉRINATALITÉ

« Depuis plus de vingt-cinq ans que je pratique en maternité et que je vois des bébés et des jeunes mamans, je vois quasi quotidiennement des patientes qui consultent pour des coccygodynies, ou bien des luxations que je diagnostique fortuitement dans les consultations post-partum que je réalise systématiquement pour chaque femme qui a accouché dans la maternité dans laquelle j'exerce. Les coccygodynies peuvent être déclenchées au passage en position assise ou debout, mais aussi à la toux, au rire ou encore aux efforts de poussée pour aller à la selle.

Le traitement des coccygodynies est en fait toujours un traitement global du corps puisque, dans l'approche ostéopathique, on ne peut jamais isoler une partie, un organe ou un membre du reste du corps : il est toujours compris comme une totalité et c'est donc une prise en charge globale que je réalise lors de chacun de mes traitements ostéopathiques, mais avec une attention plus particulière pour telle ou telle partie du corps. Après l'accouchement, il est certain que le périnée nous intéresse particulièrement, mais aussi tout le centre du corps : les viscères abdominaux, la colonne vertébrale, la cage thoracique. En particulier, la connexion diaphragme/périnée nous intéresse beaucoup, et il est fréquent que, du fait d'une luxation du coccyx, par un phénomène de compensation des muscles alentour, d'autres troubles apparaissent, comme des lombalgies ou des douleurs intercostales, ou encore des maux de tête. En effet, le coccyx est une fondation importante du "socle" du tronc, et il est relié à toute la colonne vertébrale par la dure-mère, qui entoure la moelle épinière jusqu'au cerveau. Les douleurs coccygiennes peuvent aussi avoir un retentissement sur le transit puisqu'elles peuvent occasionner des douleurs à la défécation et générer des tensions dans toute la musculature digestive ainsi que dans l'enveloppe péritonéale par compression des ganglions nerveux situés au niveau du coccyx. Plus rarement, elles peuvent occasionner des troubles de la miction et des dyspareunies, mais dans le contexte de l'accouchement, il est souvent difficile de démêler les causes de ces troubles très fréquents en post-partum.

Quoi qu'il en soit, ce sont ces tensions de compensation et ces déséquilibres que l'on traite en ostéopathie. Le rétablissement de déviations du coccyx en avant-arrière ou sur un côté, ou encore son absence complète de mobilité nécessitent un travail sur l'ensemble des éléments liés au coccyx : les os du bassin, les muscles, les membranes séreuses (péritoine notamment) et aponévroses (fascias), les organes abdomino-pelviens. Dans certains rares cas, je peux parfois être amenée à compléter les manipulations externes par un travail manuel en interne – à la condition que la patiente soit en accord avec le fait d'avoir une manipulation intravaginale, bien évidemment. Dans ce cas, on attend bien sûr une cicatrisation complète du périnée afin de ne pas interférer avec ce processus. »

LES DOULEURS MAMMAIRES

Que l'on fasse le choix d'allaiter ou non, la poitrine subit des transformations importantes pendant la grossesse et après l'accouchement sous l'effet des hormones. Si l'on ne répétera jamais assez que le mode d'allaitement est une affaire de choix personnel, au-delà de la dimension du choix, il y a tout simplement la confrontation à la réalité : on peut avoir décidé à tout prix d'allaiter et finalement y renoncer parce qu'il est trop fatigant ou trop douloureux de maintenir ce mode d'alimentation. L'effet inverse se rencontre également, mais plutôt lorsqu'il y a indécision sur le type d'allaitement que l'on souhaite pour son nouveau-né ; dans ce cas, c'est souvent la « tétée d'accueil » qui est proposée dans beaucoup de maternités, qui peut provoquer un déclic et finalement amener vers un allaitement maternel plutôt qu'un allaitement au biberon.

Mais soyons lucides sur un point : l'allaitement maternel en France est loin d'être notre spécialité… Il existe tout un faisceau de raisons culturelles qui viennent éclairer cette particularité française du faible taux d'allaitement maternel en comparaison des pays du nord de l'Europe par exemple, et il faut donc prévenir les femmes que la mise en place d'un allaitement demande très souvent un certain nombre d'efforts pendant les premiers jours voire les premières semaines de vie ; de surcroît, il n'est pas toujours évident de trouver un·e professionnel·le de santé pour vous accompagner et vous aider à traverser les difficultés de cette phase d'installation de l'allaitement. Tout cela n'est évidemment pas écrit pour décourager celles d'entre vous qui souhaitent allaiter, au contraire : cet avertissement est ici pour vous aider à préparer au mieux cette étape. Étant donné que le contexte français de la périnatalité ne vous aidera pas beaucoup, autant s'armer à l'avance si l'on veut que les choses se passent le mieux possible !

Une très vaste littérature sur l'allaitement existe (voir notamment, dans la même collection, *Ma Bible de l'allaitement* de Véronique Darmangeat) et des associations comme la Leche League assurent un soutien et constituent une source d'information quasi inépuisable. Puisque l'ouvrage que vous tenez dans vos mains s'intéresse avant tout à la gestion de la douleur, je me bornerai à donner quelques conseils spécifiquement liés aux douleurs mammaires, à la fois pour celles qui allaitent et celles qui n'allaitent pas.

POUR CELLES QUI ALLAITENT ET CELLES QUI N'ALLAITENT PAS : COMMENT PASSER LE CAP INFLAMMATOIRE DE LA MONTÉE LAITEUSE ?

Si vous avez fait le choix de ne pas allaiter, votre corps ne l'identifiera pas tout de suite car il est « programmé » pour allaiter un petit. Cela n'est d'ailleurs pas sans aller avec son lot de drames, puisque la montée laiteuse intervient également dans le cas d'un décès néonatal, d'une mort fœtale *in utero* ou d'une interruption médicale de grossesse tardive... Dans ces contextes, des médicaments pour empêcher la survenue de la montée laiteuse peuvent être prescrits, mais ils sont de moins en moins utilisés car l'usage des produits dérivés de l'ergot de seigle est aujourd'hui controversé. Cette molécule est en effet un puissant inhibiteur de la prolactine, l'hormone qui provoque la montée laiteuse quarante-huit à soixante-douze heures après l'accouchement et qui est responsable de la production lactée chez les mammifères ; cependant, elle présente des effets secondaires importants qui peuvent être graves en raison de leur action vasoconstrictrice. Ces médicaments sont donc contre-indiqués chez les patientes présentant des troubles vasculaires, de l'hypertension, des migraines, des troubles psychiques ou ayant des antécédents de pré-éclampsie au cours de la grossesse ou d'une grossesse précédente ; ils sont également déconseillés chez les patientes risquant de présenter des troubles cardiovasculaires (notamment en cas de tabagisme ou d'obésité).

Ces médicaments étaient encore largement prescrits dans les années 2010, mais ils tendent aujourd'hui à être réservés aux cas particuliers évoqués précédemment. On en revient donc aujourd'hui aux bonnes vieilles « méthodes de grands-mères » et aux pratiques de bon sens pour aider à soulager le pic inflammatoire de la montée laiteuse, que ce soit pour les femmes allaitantes ou celles qui décident de ne pas allaiter. Dans le premier cas, le but n'est pas d'arrêter la production lactée mais simplement d'apaiser l'inflammation ; dans le second cas (allaitement au biberon exclusivement), le but est également de faire progressivement diminuer l'inflammation, mais aussi de ne pas stimuler la production de lait.

Les protocoles dans les maternités reposent aujourd'hui essentiellement sur la prescription d'anti-inflammatoires non stéroïdiens (AINS) type ibuprofène et sur la mise en œuvre de méthodes plus empiriques. Les approches complémentaires telles que l'homéopathie, la phytothérapie ou l'acupuncture font également partie des possibilités de traitement de la douleur liée au pic inflammatoire de la montée laiteuse.

À NOTER

Toutes les techniques et approches complémentaires présentées ci-après reposent sur l'empirie et n'ont pour la plupart pas fait l'objet d'études scientifiques. Cependant, sur le terrain, j'ai observé un soulagement chez mes patientes avec bon nombre de ces méthodes et, à force de tentatives, il y a toujours quelque chose qui finit par fonctionner. Aussi piochez dans les idées proposées ci-dessous et n'hésitez pas à essayer plusieurs techniques jusqu'à trouver celle qui vous convient.

» Techniques mécaniques

Il existe différentes pratiques qui, par un effet local, permettent de diminuer l'inflammation :

- l'application de poches de glace sur la poitrine lorsque les seins sont tendus et chauds peut aider à décongestionner, amenant un soulagement de la douleur et un assouplissement de la poitrine. Si vous allaitez, vous pouvez au préalable effectuer des mouvements de décongestionnement sous une douche chaude en passant votre poing depuis la périphérie du sein vers le mamelon, sur toute sa circonférence. Cela permet de faire circuler le lait dans les canaux lactifères et de diminuer l'inflammation. Si vous n'allaitez pas, évitez cette procédure car elle stimule la production de lait par effet de vidage/remplissage ;

- le cataplasme de feuilles de chou frisé : ce légume contient de la glucosamine, un anti-inflammatoire naturel qui présenterait une action locale intéressante dans le cadre de l'inflammation liée à la montée laiteuse. Prenez un chou vert cru dont vous vous servirez des plus grandes feuilles (enlevez l'arête centrale de chaque feuille si celle-ci est trop volumineuse). Écrasez quatre à six feuilles de ce chou vert cru sous un rouleau à pâtisserie pour en faire sortir un jus contenant la fameuse glucosamine et placez les feuilles fraîches dans votre congélateur. Après quelques heures dans le freezer, appliquez une feuille de chou sur chaque sein lorsqu'ils sont tendus et douloureux, que vous maintiendrez dans votre soutien-gorge. Remplacez-les dès qu'elles se réchauffent et effectuez ainsi une rotation. Si vous allaitez, il n'est pas nécessaire de vous laver la poitrine avant la tétée suivant l'application des feuilles de chou ;
- deux autres moyens de limiter l'inconfort de la montée laiteuse sont couramment conseillés aux femmes qui ne souhaitent pas allaiter ou sont en situation d'engorgement, car ces pratiques auraient plutôt tendance à limiter la production lactée : il s'agit des cataplasmes à l'argile verte et du bandage de la poitrine. L'argile verte est réputée pour son action anticongestive et est très utilisée dans tous les syndromes inflammatoires (en particulier articulaires et tendineux) ; elle peut être appliquée sur la poitrine en cataplasme plusieurs fois par jour, à raison d'une demi-heure de pose à chaque application. Quant au bandage de la poitrine, il consiste à porter un soutien-gorge de fort maintien, type soutien-gorge de sport. Attention cependant avec le bandage : il ne convient pas à toutes les femmes et, si vous ressentez une sensation d'oppression plutôt que de soulagement, retirez la contention et revenez à un soutien-gorge classique, sans armatures.

» Approches complémentaires : l'homéopathie

Selon la situation dans laquelle vous vous trouvez – enrayer la montée laiteuse dans le cadre d'un allaitement au biberon ou bien nécessité de soulager l'inflammation dans le cadre d'un allaitement maternel –, le traitement ne sera pas le même et ne débute pas au même moment. Je reproduis ici l'un des protocoles les plus couramment utilisés dans ces deux contextes, recommandé par le laboratoire Boiron, qui commercialise les produits homéopathiques en France :

– pour arrêter la montée laiteuse et couper la sécrétion lactée (cas de l'allaitement au biberon) : *Ricinus communis* 30 CH, cinq granules six fois par jour pendant huit jours (idéalement, les granules sont à prendre avant chaque biberon donné, toutes les quatre heures environ), associés à *Lac caninum* 30 CH, une dose globule quotidienne pendant huit jours. Ce traitement est à commencer dès la naissance, en salle d'accouchement ;

– pour diminuer la douleur liée à la montée laiteuse (cas de l'allaitement au sein avec préservation de la sécrétion lactée ; peut être combiné au traitement ci-dessus si allaitement au biberon) : *Apis mellifica* 15 CH, cinq granules six fois par jour pendant huit jours toutes les quatre heures, associés à *Bryonia* 9 CH, cinq granules six fois par jour pendant huit jours toutes les quatre heures.

» Approches complémentaires : la phytothérapie

Souvent, l'idée de se soigner avec des plantes résonne comme recourir à une médecine « douce » et inoffensive –, mais on ne le répétera jamais assez : les plantes sont nombreuses à être toxiques, leurs substances actives sont loin d'être anodines et il faut utiliser cette médecine ancienne avec parcimonie et sous contrôle médical. N'oublions pas que les plantes sont à l'origine de plus de la moitié de la pharmacopée contemporaine ; l'industrie pharmaceutique en a extrait leurs substances actives, les a isolées puis en a fait des reproductions de synthèse pour en augmenter considérablement les concentrations et en contrôler plus spécifiquement l'activité. L'usage de la phytothérapie est donc à réserver à un usage sous contrôle et prescription médicale, par un médecin ou une sage-femme diplômée en phytothérapie clinique.

La phytothérapie dans une dimension large inclut aussi les végétaux que l'on consomme dans l'alimentation quotidienne. Certains aliments permettraient ainsi de diminuer la production de lait ou au contraire de l'accroître. Parmi ceux qui auraient une action inhibitrice de la production de lait, on retrouve en tête de gondole le persil, qui peut être consommé cru ou sous forme de tisane fortement dosée. Au contraire, il existe des plantes et des aliments qui favoriseraient la production lactée : le plus connu est le fenouil en tisane ; les flocons d'avoine ou encore le gingembre et l'ail auraient aussi un effet galactogène – mais aucun de ces usages n'a démontré son efficacité dans des études scientifiques randomisées.

» Approches complémentaires : l'acupuncture

Assez peu souvent citée dans le traitement de la montée laiteuse inflammatoire, l'acupuncture peut pourtant se révéler utile dans le spectre des différentes méthodes de soulagement de ces douleurs, selon une étude menée en Suède par l'équipe de Linda Kvist chez des femmes aux troisième et quatrième jours après l'accouchement. L'acupuncture pourrait donc venir compléter la panoplie des méthodes proposées systématiquement (applications locales et anti-inflammatoires non stéroïdiens).

POUR CELLES QUI ALLAITENT

» Soulager les douleurs liées à une surtension mammaire

Si vous avez décidé d'allaiter, il peut y avoir un certain nombre de situations où vous ne pourrez pas nourrir votre enfant au même rythme que d'habitude : soit parce que vous êtes au travail, soit parce que votre enfant a fait une nuit plus longue, soit parce qu'il commence sa diversification alimentaire ou que des biberons de lait artificiel ont été introduits. Il se peut aussi que votre enfant ait eu une ration suffisante en tétant un seul sein et que l'autre sein n'ait pas été « vidangé », en quelque sorte (à savoir : les seins ne sont pas gorgés de lait mais d'œdème, qui diminue grâce à la production du lait au moment de la tétée). Dans ce cas, vous pourrez peut-être, de manière transitoire, ressentir une surtension mammaire et avoir besoin de la soulager. Si vous êtes à la maison ou dans tout endroit calme où vous avez accès à de l'eau chaude, le mieux est de procéder à une extraction manuelle du lait après application d'eau chaude, soit en posant sur le sein des compresses humides, soit sous la douche, soit en plaçant le sein dans un bol d'eau chaude – en faisant attention à ne pas vous brûler, bien sûr ! Pensez à bien drainer les quatre quadrants du sein (nord, sud, est, ouest) en appuyant avec votre poing ou la pulpe de vos doigts tout le long des canaux, depuis l'aisselle jusqu'au mamelon. Une fois que l'œdème a diminué, vous devriez ressentir un assouplissement du sein. Appliquez ensuite de l'eau froide grâce à compresses voire à des poches de glace pour provoquer une vasoconstriction des vaisseaux sanguins et ainsi continuer à faire diminuer l'œdème. Et, bien sûr, si votre bébé est là, mettez-le au sein : c'est le meilleur moyen de soulager une tension mammaire !

» Soulager les douleurs cutanées : crevasses et hypersensibilité du mamelon

L'allaitement est une cause très fréquente de fragilisation de la peau du mamelon en raison de l'humidité et de la traction exercée sur la peau par la succion de l'enfant. Plusieurs facteurs augmentent le risque de crevasses ; les trois principaux sont les mauvaises positions d'allaitement, les mamelons ombiliqués et les freins de langue courts chez le nouveau-né.

En cas de crevasses, le premier conseil est toujours de vérifier que l'enfant est correctement positionné et qu'il n'a pas un frein de langue trop court qui gênerait une bonne succion. En parallèle, une crème de lanoline pure doit être appliquée après chaque tétée pour aider à la réparation cutanée. Enfin, en cas d'absence d'amélioration rapide voire d'aggravation, l'utilisation de bouts de sein en silicone, combinée à un tire-lait pour limiter le nombre de tétées, permet de donner un peu de répit à la peau du mamelon et donc de mettre en route le processus de cicatrisation.

Une hypersensibilité mamelonnaire peut, lorsque celle-ci est très prononcée, se révéler rapidement un frein à l'allaitement. Pour celles qui souhaitent tout de même allaiter, la solution du tire-lait électrique peut tout à fait être envisagée – même sur une période longue, ce procédé étant notamment utilisé pour les bébés très prématurés, qui ne peuvent se mettre à téter que plusieurs semaines après leur naissance mais pour qui l'alimentation par lait maternel est particulièrement importante en raison de sa haute digestibilité. Ainsi, l'enfant est nourri au biberon mais avec du lait maternel (souvent alterné avec du lait artificiel afin de compléter à hauteur de ses besoins nutritionnels en fonction de son âge).

TÉMOIGNAGE DE CYRIELLE, 29 ANS

« Mes deux allaitements ont été compliqués. J'ai les tétons ombiliqués, et il y avait aussi un probable problème de succion pour mes deux enfants. En tout cas, j'avais les tétons en sang et, très vite, je n'ai pas pu me passer de bouts de sein en silicone. Les quelques lectures que j'ai pu faire sur le sujet affirment qu'il vaut vraiment mieux s'en passer, que c'est vraiment du dépannage en cas de grosse douleur, mais clairement dans mon cas je n'aurais pas pu allaiter sans. Au bout de six semaines, je suis passée au tire-lait car mon mari se sentait un peu exclu et il était stressé de ne pas connaître la quantité de

lait que buvait notre premier fils. J'ai utilisé un tire-lait manuel : j'avoue que l'électrique me donnait un peu trop l'impression d'être une vache à la traite ! »

» Renoncer ou achever un allaitement

Si le fait de renoncer à allaiter est souvent vécu comme un soulagement quand cette décision fait suite à un enchevêtrement complexe de douleurs, de fatigue, de manque de prise de poids ou d'inconfort de l'enfant au sein, il comporte fréquemment une part de culpabilité et de déception. Il est toujours difficile de composer avec ces émotions, même avec l'entourage le plus soutenant de la Terre. Car au-delà des pressions sociales qui peuvent être ressenties quant à une forme d'injonction à allaiter, c'est surtout dans la relation avec l'enfant, en particulier dans le sentiment de responsabilité à son égard, que se noue une partie des problématiques liées à l'allaitement. Je n'ai aucune recette générale à délivrer ici pour alléger ce poids de la culpabilité, mais il est certain qu'une partie des nœuds qui résident dans cette question peuvent être abordés avec les professionnel·le·s de santé qui vous accompagnent dans cette longue période du post-partum.

TÉMOIGNAGE DE GISELLE, 44 ANS

« Avec la reprise du travail, maintenir l'allaitement a été compliqué. Du coup, je suis passée assez progressivement à un allaitement mixte. L'avantage est que le sevrage s'est fait relativement sans couture. Ç'a été au début une grande douleur pour moi de me dire que je n'arrivais pas à produire suffisamment de lait pour nourrir mon fils, mais, pour mon deuxième enfant, pour lequel les choses se sont déroulées à peu près de la même manière, cela a été beaucoup plus serein pour moi. Il y avait clairement un facteur psychologique bien plus important que physique dans mon premier vécu de sevrage. »

TÉMOIGNAGE D'AURÉLIE, 44 ANS

« Concernant l'allaitement, je n'ai pas trop de souvenirs de douleurs ; je n'ai pas eu de montée de lait douloureuse, pas vraiment de crevasses car je me crémais à mort même avant d'accoucher, parce qu'on me l'avait conseillé. La complexité, pour moi, c'était plutôt qu'on m'a mal accompagnée pour l'allaitement : le rythme que cela allait être,

les positions pour que le bébé prenne bien – et, du coup, j'ai toujours eu un allaitement médiocre. Comme quoi, l'accompagnement, c'est vraiment essentiel, parce que, même si le corps suit à peu près – en tout cas si l'allaitement ne fait pas mal –, il y a tellement d'autres paramètres qu'on a vraiment besoin d'être guidées. »

ATTENTION

Une douleur mammaire d'apparition brutale, unilatérale (touchant un seul sein), associée à de la fièvre et/ou à des écoulements purulents, doit vous faire consulter en urgence. Il peut s'agir d'une complication de l'allaitement liée à l'obstruction puis à l'infection des canaux lactifères, ou qui peut être consécutive à une mycose du mamelon, provoquant une mastite voire un abcès du sein.

LES DOULEURS PSYCHIQUES

TÉMOIGNAGE DE NOÉMIE, 34 ANS

> *« Avec mes premières douleurs d'allaitement et les seins à vif dus à un souci de succion de mon fils, je me souviens d'avoir surtout ressenti une fatigue immense et d'avoir tout à coup la prise de conscience, un peu douloureuse, que je tournais une page de ma vie pour en entamer une nouvelle. À ce moment-là, je ne peux pas dire que j'étais inondée par la joie ! J'étais plutôt dans l'inquiétude de cet inconnu, qui commençait plus difficilement que je ne l'aurais pensé. »*

Parce qu'il n'y a pas que la douleur physique de l'accouchement mais aussi la douleur psychique, j'ai voulu vous donner quelques clés pour affronter les difficultés émotionnelles qui peuvent être rencontrées après une naissance et parfois durer pendant plusieurs années… Comme le dit Anna Roy, qui a amicalement accepté de faire la préface de cet ouvrage : « Le post-partum dure trois ans. » Les résonances de l'accouchement peuvent en effet se faire sentir longtemps encore après la naissance, que ce soit dans le corps ou dans le mental.

Aucune recette miracle ne vous est promise ici : il s'agit surtout de vous aider à vous préparer et à identifier les différents types de difficultés émotionnelles que les jeunes mères sont susceptibles de rencontrer au cours du post-partum, première étape indispensable avant une éventuelle orientation et prise en charge par un·e professionnel·le qualifié·e si vous êtes concernée par ces problématiques à un moment ou à un autre du post-partum. Cette partie fait également la part belle à de longs témoignages, qui, bien qu'ils soient toujours le reflet d'une histoire singulière, permettent de mieux se représenter la nature des émotions très spécifiques au post-partum qui viennent s'additionner à la réparation physique progressive dans le temps de l'après-naissance.

TÉMOIGNAGE DE KARINE, 40 ANS

« Je vais m'éloigner un peu du sujet de la douleur physique, mais les émotions fortes, comme la peur ou l'abattement, ont été intenses durant l'expérience des complications qui ont suivi mon deuxième accouchement ; et si je veux raconter ce qui m'est arrivé, c'est aussi parce que je tiens à honorer tous les "petits" soins qui m'ont été prodigués et qui me paraissent au moins aussi essentiels que les soins techniques que j'ai reçus. Cela a littéralement sauvé mon moral et mon vécu de cet épisode qui, autrement, aurait vraiment pu me traumatiser psychiquement.

Sept jours après mon accouchement, je fais une grave hémorragie. Je suis à la maison et, un soir, vers 21 heures, je perds de gros caillots de sang. Immédiatement, je dis à mon conjoint que nous devons aller aux urgences ; nous appelons ma belle-mère pour qu'elle vienne garder notre aîné, puis j'appelle la salle de naissance de ma maternité pour demander si je peux venir avec mon bébé que j'allaite. C'était la panique… Nous partons très vite et nous arrivons aux urgences de la maternité, qui sont calmes à ce moment-là. L'échographie qu'on me fait est plutôt rassurante et on me donne un traitement censé arrêter les saignements, puis on me propose de rentrer chez moi. Comme je ne suis pas rassurée, je demande comment savoir quand revenir car les saignements me paraissent toujours trop importants. Le médecin de garde me dit que je peux rester pour la nuit si je veux, qu'il y a des lits… Et j'ai été bien inspirée car, à 4 heures du matin, après avoir été surveillée par une sage-femme comme du lait sur le feu, l'hémorragie reprend de plus belle et on me passe au bloc en urgence. Je me dis à ce moment-là : "Ouf, ça va enfin régler le problème une fois pour toutes !", mais l'angoisse est bien présente, avec tout le monde qui s'agite autour de moi. Juste avant de passer au bloc, je laisse un message à mon conjoint, qui était rentré à la maison ; il ne l'écoutera que le lendemain matin, puisque tout le monde avait été très rassurant à son départ. Juste après ce message, je fais un malaise vagal… Heureusement, les sages-femmes qui sont présentes avec moi au bloc m'entourent de toute leur prévenance ; l'une d'elles reste d'ailleurs auprès de moi en me tenant la main pendant toute la durée de l'intervention. Celle-ci, au lieu de durer trente minutes comme prévu, dure une heure et demie, et je passe de 12 grammes d'hémoglobine à 6 grammes, donc on m'endort et m'intube – ce qui n'était évidemment pas prévu ! – et on me transfuse. Finalement, l'hémorragie n'étant toujours pas stabilisée, on me pose une sonde de Bakri, une espèce de petit ballon gonflé dans mon utérus afin de stopper les saignements. J'ai dû garder cette sonde pendant vingt-quatre heures et rester en salle de réveil durant tout ce temps. Pendant ce temps, ma fille est nourrie par un biberon vers 8 heures du matin par l'équipe des suites de couches, puis les sages-femmes de salle de naissance la récupèrent pour qu'elle ne reste pas loin de moi et qu'on puisse facilement me l'amener pour les tétées. À mon réveil après l'intervention, la sage-femme qui m'avait accompagnée au bloc est toujours près de moi et me fait écouter des chants de baleine sur son téléphone ! Cela me réconforte pendant qu'elle m'explique ce qui s'est passé au bloc. Et c'est là que je comprends que c'est un peu parti en cacahuète ! Mais comme je suis complètement shootée par les anesthésiants, je sombre et je reprends conscience en alternance en parlant sans filtre de mon amour pour mes enfants et mon conjoint, de mes émotions qui sont à fleur de peau... C'est aussi là que je comprends que l'équipe a eu peur pour moi. Cette peur, je l'ai ressentie en décalage : elle était déjà passée pour l'équipe vu que j'étais stabilisée, mais le soulagement n'était pas total parce que j'avais encore cette sonde dans l'utérus pour arrêter les saignements...

Pour mon conjoint, ça n'a pas dû non plus être facile. Il me téléphone dès qu'il a mon message, puis il vient me voir immédiatement, mais il n'a pas le droit d'entrer dans la salle de réveil – a fortiori *en période de covid. Mais, là encore, l'équipe est super : comme je suis seule en salle de réveil à ce moment-là, elle l'autorise à venir me voir cinq minutes. On est bouleversés tous les deux : je suis si heureuse de le voir !*

Puis vient une journée difficile physiquement car la salle de réveil est en plein soleil, je transpire dans ce lit d'hôpital en plastique et surtout la sonde urinaire me fait un mal de chien. La douleur se localise sur un minuscule point à l'endroit où elle passe, mais ce point de douleur est tellement aigu qu'il m'empêche de bouger, tant chaque mouvement qui fait se déplacer la sonde me torture. Alors je prends mon mal en patience sans bouger... et cela demande quelques péripéties pour l'allaitement parce que je prends ma fille pour les tétées et je l'allonge sur moi afin de ne pas bouger. Mais cela me fait tant de bien de la voir, de pouvoir prendre soin d'elle... Les sages-femmes, toujours aux petits soins, la prennent à tour de rôle en "kangourou" dans leurs blouses, me disent qu'elle est magnifique et qu'elle est la mascotte de la salle de naissance : cela me fait rire et me réchauffe le cœur. Mais toujours cette foutue douleur au niveau de la sonde urinaire... Je demande qu'on mette un anesthésiant sur la zone mais cela ne fonctionne pas. La journée se passe, je baigne dans mon jus... Puis vient le soir, les patientes à côté de moi ont fini de se succéder, je suis à nouveau seule, le soleil s'est couché, il fait plus frais. Les gynécologues viennent faire une échographie de contrôle, il y a toujours un caillot dans mon utérus, cela les contrarie... et puis mon hémoglobine n'est pas remontée autant qu'attendu après la transfusion. Les anesthésistes me tournent aussi autour, ils n'ont pas l'air inquiets mais pas rassurés non plus. Mon cas n'est toujours pas réglé... À cette heure, environ 21 heures, je suis complètement abattue, je craque et pleure en silence. Il ne reste plus qu'une aide-soignante et une infirmière près de moi. L'une d'elles vient tout de suite me voir et me demande ce qui ne va pas. On échange un peu, puis je lui demande si je peux enfin enlever mes lentilles de contact que je porte depuis deux jours :

elle m'apporte ce qu'il faut. Puis, avec sa collègue, elle me propose une toilette, ce que j'accepte volontiers. Elles me font alors un soin du corps en entier, une toilette mais aussi un massage à l'huile : cela me fait un bien fou ! Et, cerise sur le gâteau, les changements de position ont dû déplacer la sonde urinaire : elle ne me fait plus du tout mal ! En un rien de temps, grâce à la présence douce et bienveillante et aux soins de ces deux professionnelles, je change radicalement d'humeur, je me sens armée pour affronter la suite des événements, je redeviens optimiste. Je peux enfin m'allonger sur le côté pour donner le sein à mon bébé et me reposer vraiment quelques heures.

A posteriori, *je mesure à quel point toute cette prévenance de l'équipe a été fondamentale pour moi. Ce qui passe pour des "petites attentions" a été en fait le plus grand des soutiens dans ce moment si difficile, et sans cela je serais sans doute restée traumatisée de cet épisode. Alors que là, je peux dire aujourd'hui que tout cela est derrière moi. »*

LA CHARGE MENTALE, POTENTIELLE SOURCE DE SOUFFRANCE

Le concept de la charge mentale domestique a été introduit dans les années 1980 par des sociologues françaises qui ont mené des recherches sur les infirmières et sur la partition masculin/féminin des tâches domestiques du foyer. Cette notion, sortie du cadre de l'analyse sociologique, est aujourd'hui largement utilisée, notamment dans les médias, pour décrire le fait qu'il existe une préoccupation mentale projective liée aux activités domestiques et à l'anticipation des besoins des membres du foyer dans la vie quotidienne. Ce temps de planification et d'organisation des tâches domestiques et d'éducation des enfants vient s'ajouter à la réalisation concrète de ces tâches. Ainsi, la charge mentale domestique est une notion clé qui permet de comprendre qu'il n'y a pas que le temps de réalisation des tâches ménagères à prendre en compte, il y a aussi le temps passé à y penser : l'esprit est préoccupé par l'anticipation et l'organisation de ces différentes tâches qui seront ensuite réalisées. Cette préoccupation permanente est généralement source de fatigue – et, dans le contexte du post-partum, où la fatigue est beaucoup plus grande qu'en temps normal, la mise en place de lignes de conduite au sein du couple et du foyer devient un enjeu majeur.

CHARGE MENTALE, TRAVAIL DOMESTIQUE ET SOIN DES ENFANTS : D'OÙ VENONS-NOUS ET OÙ ALLONS-NOUS ?

Le soin apporté aux autres et les tâches domestiques sont des attributions typiquement féminines, qui ont été le lot des femmes pendant des siècles dans l'immense majorité des sociétés. En Europe de l'Ouest et en Amérique du Nord, depuis la montée de l'égalité des sexes à partir du XXe siècle et en particulier dans sa seconde moitié, les femmes se sont insérées dans le marché du travail tout en continuant à être les seules dépositaires de ces deux attributions que sont les soins aux enfants et la bonne marche du foyer. Aujourd'hui, les choses changent, mais à des rythmes différents pour les hommes et les femmes : si les hommes s'investissent de plus en plus dans l'éducation des enfants et les tâches domestiques, il n'en reste pas moins que l'effet de « vase communicant » n'est pas encore arrivé à l'équilibre. De récentes études montrent que, dans les couples hétérosexuels avec des enfants, les femmes restent bien plus dépositaires de la charge mentale domestique que les hommes, et passent beaucoup plus de temps à s'occuper des enfants et du foyer que ces derniers.

Bien sûr, des contre-exemples existent, où ce sont les pères qui décident de prendre un temps partiel ou de s'arrêter de travailler pour s'occuper de leurs enfants, tandis que les mères peuvent consacrer plus de temps à leur travail. Mais ces cas demeurent des exceptions : en 2019, l'Insee indique que 80 % de la population active qui travaille à temps partiel est une population féminine... De plus, la corrélation entre le nombre d'enfants au foyer et le travail à temps partiel montre que la charge domestique et d'éducation des enfants n'affecte que les femmes : en effet, la part des pères à temps partiel reste autour de 5,5 % des hommes actifs, tandis que, parmi les ménages ayant un enfant à charge, 28 % des femmes sont à temps partiel ; parmi les ménages ayant deux enfants à charge, cette part est de 33 %, et monte à 42 % lorsqu'il y a trois enfants ou plus.

Ceci est donc un appel à la vigilance pour toutes les femmes enceintes qui liront ces lignes : il faut que vous soyez préparées au surplus de charge mentale et de tâches domestiques qui vont découler de l'arrivée d'un enfant dans votre foyer, et idéalement il faut pouvoir l'anticiper à deux, ce qui signifie qu'il faut se mettre d'accord en amont sur qui assume quel rôle et dans quelle proportion. Et si vous êtes dans un projet de parentalité solo, prévoyez des soutiens au sein de votre entourage ou *via* des aides ménagères afin de vous aider à absorber cette augmentation du temps de travail domestique.

LE CONSEIL DE VIRGINIE, SAGE-FEMME ET CONSEILLÈRE CONJUGALE

« Si vous rencontriez déjà avant la naissance de votre bébé une difficulté à répartir les tâches au sein de votre foyer avec votre compagnon de vie, l'arrivée d'un enfant peut être l'occasion de tout remettre à plat : listez l'ensemble des tâches domestiques et évaluez leur durée hebdomadaire ou mensuelle, puis faites de même avec l'ensemble des tâches liées au soin et à l'éducation de votre ou de vos enfants. Si le bébé n'est pas encore là, comptez environ huit heures par jour de tâches d'éducation et de soin pendant les trois premiers mois ; ce temps diminue progressivement une fois que l'enfant acquiert son autonomie et qu'il est placé en crèche ou chez une assistante maternelle. Cela peut sembler fastidieux au premier abord, mais c'est la première étape essentielle, selon moi, pour que les femmes ne finissent pas en burn-out parental ! Je fais systématiquement faire cet exercice aux couples avec enfant qui viennent me voir en consultation et, après plus de quinze années d'expérience, je peux affirmer que ce sont toujours les femmes qui bénéficient de cette « mise à plat » car ce sont toujours, toujours, toujours elles qui en font le plus ! En tout cas pour les couples qui se retrouvent dans mon cabinet… Donc on s'assoit autour de la table et on fait la liste ensemble : lessive, vaisselle, ménage, emmener les enfants à l'école, planifier les rendez-vous médicaux pour l'enfant, faire les courses mais aussi penser à la liste des courses, penser à régler les factures, réaliser les tâches administratives, etc.

Là où les choses changent, c'est pour le choix de la répartition du temps domestique et de soin : soit les couples veulent se répartir à une stricte égalité, soit ils décident de se répartir à un tiers/deux tiers selon le temps de travail de chacun, soit ils choisissent d'adopter un régime « modulable » avec un système de compensation : par exemple, j'ai vu des couples où le père accepte de prendre toute la charge du domestique pendant plusieurs mois en post-partum pour que sa compagne se remette sur pied et, en « contrepartie », il peut partir tout un week-end faire une activité sportive ou autre.

Pour moi, les maîtres mots pour éviter les déséquilibres au sein du couple concernant la charge mentale sont : organisation en amont, **équité** et bienveillance. À partir du moment où chacun a le souci de l'autre dans le couple, les ressources personnelles qu'on arrive à mobiliser dans les consultations de conseil conjugal sont non seulement impressionnantes mais surtout rassurantes ! Il faut parfois simplement se faire accompagner, « mettre du tiers », comme on dit souvent de manière un peu galvaudée. En réalité, mon travail en tant que conseillère conjugale et sage-femme, c'est de pouvoir offrir aux deux membres du couple un point de vue nouveau et extérieur. C'est comme quand on est en randonnée : si on a un drone qui vient prendre des photos aériennes, on peut se regarder dans le paysage plutôt que de ne le voir que depuis sa position sur le chemin ; et, parfois, quand il y a plein d'arbres ou des parois rocheuses très hautes, on ne voit pas grand-chose depuis le chemin, donc cette prise de hauteur soulage et permet de se représenter la suite du chemin, et surtout de le choisir activement. »

LE BABY-BLUES

À ne pas confondre avec la dépression du post-partum (voir ci-dessous), le baby-blues est décrit dans la littérature médicale et psychologique comme un phénomène normal, qui concernerait une très large proportion des jeunes mères dans les pays occidentalisés. Selon les études et la définition utilisée dans les enquêtes menées sur le sujet, il durerait entre deux jours et deux semaines, et ce serait entre un tiers et trois quarts des femmes qui seraient concernées. Vous conviendrez que c'est tout de même bien imprécis… Alors, qu'en penser ?

Lorsque de tels écarts sont retrouvés dans des études scientifiques quantitatives, c'est souvent le signe d'une inadaptation du concept à la réalité qui vise à être décrite. En prenant appui sur mon expérience en tant que sage-femme, la description que je donnerais de ce fameux baby-blues serait plutôt celle-ci : factuellement et objectivement, toutes les femmes qui viennent d'accoucher sont confrontées immédiatement après à une période de transformations corporelles, hormonales, relationnelles et émotionnelles. Selon les femmes, la traversée de ces transformations se fait avec plus ou moins de douceur, plus ou moins de fatigue, plus ou moins d'angoisse, plus ou moins de violence. Le passage de l'état de grossesse à l'état de jeune mère ne se fait pas de manière instantanée : il s'établit progressivement et nécessite une période de transition, plus ou moins longue selon les contextes, variable d'une femme à l'autre.

Ainsi, le fait de pleurer, de ne pas réussir à dormir comme avant, de se sentir plus irritable ou plus sensible qu'à l'accoutumée est strictement normal dans les jours qui suivent une naissance. Si cet état ne doit pas inquiéter et ne dure généralement que quelques jours, il n'en demeure pas moins un moment de fragilité. Et comme toute période de fragilité, ce temps mérite d'être accompagné des meilleurs soins et de l'attention nécessaire au soulagement de la fatigue et des peurs que les jeunes mères rencontrent. Aussi, il est plus que recommandé de faire venir une sage-femme à votre domicile dans les jours qui suivent votre sortie de maternité. Cette présence médicale au domicile ne peut pas se substituer à une consultation en cabinet, car les dynamiques familiales et conjugales doivent être observées au sein des foyers et la sage-femme pourra vous guider et vous accompagner d'autant mieux pendant la période du baby-blues qu'elle connaîtra votre environnement et votre cadre de vie.

ANNA ROY, SAGE-FEMME LIBÉRALE, ÉCRIVAINE ET CHRONIQUEUSE POUR *LA MAISON DES MATERNELLES*

J'ai interviewé pour vous Anna Roy, qui est selon moi la grande experte du post-partum et de ses particularités. En quelques paragraphes, elle déroule les spécificités de cette période dont on ne dit rien ou presque dans l'espace public, que l'on renvoie systématiquement au silence intime des foyers et qui, pourtant, est loin d'être une sinécure. Depuis plusieurs années, elle milite activement et publiquement pour un accompagnement renforcé du post-partum sur la longue durée, c'est-à-dire pendant les trois premières années de vie de l'enfant.

« Anna, qu'est-ce que c'est, pour toi, le baby-blues ?

— Tout d'abord, je voudrais vraiment rassurer les femmes et les hommes qui nous lisent aujourd'hui : c'est normal d'avoir un baby-blues. Le baby-blues dit juste que vous allez être traversée par des émotions contradictoires : « je suis heureuse, je suis désespérée » ; « je suis triste, je suis gaie » ; « je suis en forme, je suis épuisée »... Être traversée comme cela, avec une variabilité très grande et une intensité très haute, cela veut dire qu'on peut changer d'avis en l'espace de trois minutes. C'est un état qui, en dehors de ce champ des premiers jours après un accouchement, relèverait de la psychiatrie. Et cet état d'hypervariabilité, de labilité émotionnelle – je voudrais vraiment rassurer les gens – est normal, et je dirais même que cet état est souhaitable. Comment ne pas être autrement après un tel événement ? Entre le chambardement corporel, le manque de sommeil, la découverte de cette nouvelle personne qui va vivre avec nous pour le restant de nos jours, le remaniement du couple où son amoureux ou amoureuse devient aussi le parent de son enfant... C'est un tel uppercut que l'on se prend que cet état d'hyperlabilité émotionnelle est strictement normal ! Là où je dis : attention, c'est quand cet état s'installe au-delà d'une quinzaine de jours. C'est là qu'il faut commencer à se poser des questions, à voir ce qui se passe. Il faut garder en tête qu'il faut faire le test EPDS [vous trouverez le test EPDS, ou test d'Édimbourg, à la page 232 de cet ouvrage]. Je recommande à toutes les femmes qui viennent d'accoucher de le faire, de façon systématique et routinière. C'est un test très simple qui nous permet à nous, soignantes et soignants, de dire : est-ce que dans la tête c'est cool, ou est-ce que dans la tête c'est pas trop cool... Ce n'est pas un test diagnostic mais de dépistage. Et s'il est positif, bien sûr, il faut faire venir une sage-femme à la maison.

— Comment traverser au mieux cette période normale du baby-blues ?

— C'est une question importante : comment être entourée, et que faire de ce baby-blues ? On a peu d'accompagnement autour du post-partum : en France, on est très mauvais, les femmes sont lâchées dans la nature – c'est un peu fou, quand même, parce que c'est là que tout commence. Mais il n'y a pas « rien » non plus, donc je voudrais vraiment faire passer le message qu'il faut au moins saisir ce qui existe. Déjà qu'il y a peu de choses, alors si on s'en prive... Il ne faut pas se dire : « De toute façon, tout est foutu » ; il y a des choses qui existent, donc il faut les prendre. Vous qui lisez ce livre, si vous le lisez pendant la grossesse, tant mieux ! Contactez dès à présent une sage-femme qui n'est pas loin de chez vous, demandez-lui si elle pratique bien les visites qui sont prévues par la Sécurité sociale après la naissance et de vous inscrire dans ses petits carnets. Ça, c'est un point très important, parce que les visites de sages-femmes peuvent avoir lieu pour de multiples raisons : peut-être parce que vous aurez des hémorroïdes, peut-être que ce sera un problème d'allaitement, peut-être que ce sera un baby-blues qui s'installe... On ne peut pas savoir à l'avance, mais c'est vraiment important. Par exemple, sur un baby-blues un peu « cogné », elle pourra dire : « Là, vous voyez, vraiment les circonstances de l'accouchement n'ont pas été digérées du tout, donc vous êtes presque dans un état de stress post-traumatique (PTSD). » La sage-femme reprend alors les circonstances de l'accouchement, va éventuellement chercher à revoir un membre de l'équipe... Bref, on va agir. Ou alors, cela peut être une patiente qui sera en état d'hypervigilance, qui n'arrive jamais à plonger dans le sommeil, et donc cela accroît sa sensation de labilité émotionnelle et donc de baby-blues. Là, on va convoquer le conjoint s'il y en a un, ou les grands-parents, ou une autre aide extérieure pour que le bébé soit gardé pendant deux ou trois heures, le temps de pouvoir plonger vraiment dans le sommeil. Il y a toujours des choses à rectifier, donc profitez de cette aide qui vous est offerte !

— En dehors de la sage-femme, peut-on se tourner vers d'autres personnes ou d'autres structures ?

— Il y a aussi les centres de protection maternelle et infantile (PMI) : il y en a forcément un près de chez vous. Vous avez aussi le cabinet du pédiatre ou du médecin généraliste qui va suivre votre enfant, des associations de soutien, des consultantes en lactation, des puéricultrices... J'en passe et des meilleures, mais en résumé : allez chercher de l'aide ! Dites-vous que, même si on dit partout que c'est une période banale de votre vie, en réalité ce n'est pas le cas. C'est vraiment une phase très particulière, et demander de l'aide dans ce contexte n'est pas un aveu de faiblesse ; c'est même tout le contraire : c'est une très bonne chose ! Et vraiment, chapeau si vous le faites : vous pourrez vous remercier longtemps d'être allée chercher cette aide.

— Pour toi, quel est le sens de cet accompagnement du post-partum, en tant que sage-femme ?

— Moi je passe ma vie professionnelle à accompagner des retours à la maison, qui peuvent être très précoces – certaines femmes rentrent à la maison vingt-quatre heures après l'accouchement –, d'autres beaucoup plus tardifs – certaines femmes sortent au bout d'une hospitalisation de trois semaines en maternité... Bref, je m'occupe de cela après avoir suivi mes patientes pendant la grossesse, et c'est là où je me sens la plus utile en tant que sage-femme, parce que c'est là où cela secoue le plus. Pendant la grossesse, on est nombreux sur le terrain. Je suis là pour la préparation à la naissance et le suivi de grossesse, mais il y a aussi l'échographiste, toute l'équipe de la maternité, il y a aussi les copines, les réseaux... Il y a tout un tas de choses qui font que, même si la femme se sent en difficulté, même si cela peut être difficile, en réalité, cela roule. Alors qu'après l'accouchement, il y a ce sentiment presque de désespoir, parce qu'on se sent très seule. Donc, je trouve que mes visites du post-partum sont un très grand plaisir et une très grande satisfaction pour la clinicienne que je suis, parce que je peux être là dans ce moment précis où les femmes sont livrées à elles-mêmes, alors que c'est peut-être l'une des périodes où il y a le plus besoin de soutien. »

LA DÉPRESSION DU POST-PARTUM

TÉMOIGNAGE DE NOÉMIE, 34 ANS

« La douleur psychique du post-partum, c'est le vrai sujet important pour moi. A posteriori, *aujourd'hui, alors que je suis à deux ans de mon accouchement, je pense que j'ai fait une dépression du post-partum durant les six ou huit premiers mois de vie de mon fils. J'avais une fatigue immense, une angoisse terrible de la journée qui commence à 5 heures 30 du matin, une angoisse de voir mon compagnon partir au travail et de devoir gérer seule mon fils... Je pense que chaque femme devrait pouvoir être vue par un psychologue deux semaines ou un mois après son accouchement, pour savoir comment elle va. J'ai vu récemment une de mes meilleures amies qui a fait une crise de paranoïa après l'accouchement, et elle est toujours sous antidépresseurs aujourd'hui, alors que sa fille a un peu plus d'un an : je me dis que cela doit concerner pas mal de femmes, mais qu'on n'en parle pas du tout... »*

TÉMOIGNAGE DE LUCIE, 31 ANS

« Les douleurs liées à l'allaitement ont été atroces, surtout les premières semaines. Ajoutés à cela, les réveils nocturnes, qui du coup m'étaient réservés sans relais possible du père, avec en plus un bébé qui avait un reflux mais a été diagnostiqué très tard donc pris en charge avec du retard : je me demande vraiment aujourd'hui pourquoi et

comment j'ai fait pour allaiter. Même si je l'ai fait pendant dix mois, cela m'a épuisée, drainée profondément. Le sentiment que j'ai a posteriori, *c'est qu'on ne nous laisse pas réellement le choix d'allaiter ou pas, lorsque l'on entend tous ces discours qui nous disent à quel point l'allaitement est meilleur pour l'enfant au niveau nutritif et pour l'attachement affectif. »*

TÉMOIGNAGE DE LOUISE, 32 ANS

« Les trois premières semaines de post-partum, je ne pouvais pas marcher. Je ne pouvais pas circuler sans me tenir à un bras, je ne pouvais pas porter mon bébé. J'ai même appris très tard à lui changer les couches. Je m'en sentais extrêmement coupable, parce que je me comparais aux exemples de femmes qui s'en sortent sans problème, qui reprennent parfois une activité professionnelle très vite ou vivent "normalement" au bout de seulement deux semaines. Pour moi, c'était impossible. »

TÉMOIGNAGE DE RAPHAËLLE, 26 ANS

« J'ai trouvé le manque de sommeil insoutenable, j'ai regretté de nombreux mois d'avoir eu mon enfant et je ressens encore souvent le goût amer de mes libertés perdues. Je suis en souffrance psychologique quasi quotidienne dans le fait de devoir m'occuper de mon enfant : cela est dur pour moi et me demande un temps de récupération énorme à chaque fois. Heureusement, mon compagnon prend admirablement le relais et s'occupe majoritairement de notre enfant. Mais tous ces sentiments sont très culpabilisants. Presque deux ans après la naissance de mon enfant, je me sens encore en post-partum et en ressens les douleurs quotidiennement. »

Longtemps passée sous silence dans l'espace public en raison de l'idée commune selon laquelle la venue au monde d'un enfant est un événement heureux qui apporte de la joie dans un foyer, la dépression du post-partum commence tout juste à être visibilisée dans les médias ou les publications à destination des futurs parents. C'est une pathologie spécifique de la période qui suit la naissance d'un enfant, qui touche dans l'immense majorité des cas les femmes et concernerait 10 à 15 % des jeunes accouchées – mais ce syndrome dépressif demeure sans doute sous-diagnostiqué. Les signes sont peu spécifiques et souvent difficiles à dépister car les femmes ne bénéficient pas toujours d'un suivi médical personnalisé en post-partum, malgré les visites régulières dans les centres de protection maternelle et infantile (PMI) et le suivi pédiatrique obligatoire pendant les premiers mois de vie de l'enfant. Les symptômes de la dépression du post-partum sont des pensées dévalorisantes en lien avec la parentalité (impression de ne pas être une « bonne mère », culpabilité, perte de confiance en soi, anxiété latente généralisée ou focalisée sur l'enfant), associées à un épuisement physique et psychique (découragement, pleurs incessants et inconsolables, irritabilité). Des symptômes tels que des douleurs dans la poitrine avec sensation d'oppression, des difficultés à respirer ou encore des maux de tête quotidiens peuvent aussi apparaître. La dépression du post-partum s'accompagne souvent de fluctuations de poids très importante (perte ou gain), d'insomnies ou d'hypersomnie, d'agitation excessive ou au contraire d'un ralentissement psychomoteur, d'une perte de la capacité de concentration et des pertes de mémoire. Les cas les plus sévères comportent des pensées morbides ou suicidaires. La dépression du post-partum est un syndrome d'installation progressive, c'est la raison pour laquelle elle ne peut être caractérisée qu'après un certain laps de temps après la naissance, en général à partir d'un mois. Ce sont l'absence d'amélioration spontanée des troubles émotionnels et physiques du baby-blues après trois à quatre semaines après l'accouchement, ainsi que l'accumulation des symptômes et souvent leur aggravation et leur persistance dans le temps (au moins deux semaines), qui permettent de poser le diagnostic.

Le traitement de la dépression du post-partum repose sur la combinaison d'une psychothérapie avec un traitement médicamenteux ; idéalement, il devrait toujours comporter une composante d'aide à la réorganisation de la répartition des tâches domestiques, de soin et d'éducation du ou des enfants. La nature des psychothérapies est variable (thérapie de groupe, thérapie cognitivo-comportementale, thérapie de couple ou thérapie familiale, etc.) et les traitements médicamenteux sont adaptés en fonction de la sévérité du syndrome dépressif, sur prescription d'un psychiatre. Ils associent généralement des antidépresseurs ou des anxiolytiques avec des œstrogènes de synthèse – à noter que l'allaitement n'est pas une contre-indication à la prescription de ces médicaments, aussi il n'y a pas d'incompatibilité entre continuer un allaitement maternel et bénéficier d'un traitement dans le cas d'une dépression du post-partum.

COMMENT SAVOIR SI JE SUIS EN DÉPRESSION DU POST-PARTUM ?

Après un mois de vie avec votre enfant, ou bien dès lors que vous vous posez la question de savoir si vous n'êtes pas en train de développer une dépression du post-partum, vous pouvez procéder à une autoévaluation de votre risque. Pour cela, il vous faut répondre à un test médical rapide constitué de dix questions simples, élaboré par des équipes médicales d'Édimbourg spécialistes de la périnatalité (d'où le nom de « test d'Édimbourg »). Ces questions portent sur votre ressenti de la semaine qui vient de s'écouler. Une fois que vous avez répondu au questionnaire, additionnez les chiffres correspondant à chaque réponse, ce qui vous permet d'obtenir un score. Si ce score est supérieur à 10, il est nécessaire de consulter sans délai votre sage-femme, votre gynécologue ou encore votre médecin traitant, qui vous orientera vers un spécialiste des dépressions du post-partum le cas échéant. Si le score obtenu est supérieur à 13, une dépression grave peut être suspectée. Si le score est proche de 10, refaites le questionnaire la semaine suivante et voyez si le score a diminué ; s'il est stable ou s'il a augmenté, consultez un·e professionnel·le de santé pour une évaluation clinique plus précise de votre état de santé.

LE TEST D'ÉDIMBOURG

Au cours des sept derniers jours (choisissez la phrase qui correspond le mieux à votre situation)...

A. J'ai pu rire et prendre les choses du bon côté :

0. Aussi souvent ou plus que d'habitude
1. Pas tout à fait autant
2. Beaucoup moins souvent ces jours-ci
3. Absolument pas

B. Je me suis sentie confiante et joyeuse en pensant à l'avenir :

0. Autant ou plus que d'habitude
1. Plutôt moins que d'habitude
2. Beaucoup moins que d'habitude
3. Pratiquement pas

C. Je me suis reproché, sans raison, d'être responsable quand les choses allaient mal :

3\. Oui, la plupart du temps
2\. Oui, parfois
1\. Pas très souvent
0 . Non, jamais

D. Je me suis sentie inquiète ou soucieuse sans motif :

0. Non, pas du tout
1. Presque jamais
2. Oui, parfois
3. Oui, très souvent

E. Je me suis sentie effrayée ou paniquée sans raison :

3\. Oui, vraiment souvent
2\. Oui, parfois
1\. Non, pas très souvent
0\. Non, pas du tout

F. J'ai eu tendance à me sentir dépassée par les événements :

3. Oui, la plupart du temps, je me suis sentie incapable de faire face aux situations
2. Oui, parfois, je ne me suis pas sentie aussi capable de faire face que d'habitude
1. Non, j'ai pu faire face à la plupart des situations
0. Non, je me suis sentie aussi efficace que d'habitude

G. Je me suis sentie si malheureuse que j'ai eu des problèmes de sommeil :

3. Oui, la plupart du temps
2. Oui, parfois
1. Pas très souvent
0. Non, pas du tout

H. Je me suis sentie triste ou malheureuse :

3. Oui, la plupart du temps
2. Oui, très souvent
1. Pas très souvent
0. Non, pas du tout

I. Je me suis sentie si malheureuse que j'en ai pleuré :

3. Oui, la plupart du temps
2. Oui, très souvent
1. Seulement de temps en temps
0. Non, jamais

J. Il m'est arrivé de penser à me faire du mal :

3. Oui, très souvent
2. Parfois
1. Presque jamais
0. Jamais

CONCLUSION

Arrivées au terme de la lecture de cet ouvrage, il y a lieu de se demander s'il est finalement bien possible d'accoucher « sans douleur », tant elle semble faire partie intégrante de l'expérience physique de la maternité. Une chose est certaine, c'est une période où les perceptions corporelles – tellement modifiées ! – nous rappellent sans cesse que la vie passe à travers une très large palette de ressentis, dont la douleur fait partie.

Ce livre s'était donné pour double objectif de répondre à un besoin pratique de soulager la douleur en vous livrant des méthodes et astuces variées, et à une autre nécessité : celle de ne plus avoir peur de la douleur lorsque celle-ci est inévitable. Appréhender autrement la question de la douleur, comprendre sa fonction et sa place dans le processus de l'enfantement, c'est un moyen pour apprivoiser la sensation douloureuse plutôt que d'en faire un repoussoir ; c'est une voie possible pour traverser l'épreuve corporelle qu'a toujours été et que sera toujours le fait d'amener un enfant au monde.

Les multiples sources de connaissance des mécanismes de la douleur – que celles-ci soient issues des dernières recherches scientifiques en la matière ou au contraire d'un savoir ancestral – ainsi que les mille et une façons d'apporter réconfort et soulagement n'auront peut-être pas toutes été abordées ; car cette question est immense, chaque époque apportant son lot de changements et d'innovations (ou de redécouvertes) dans la façon de répondre à notre besoin d'apaisement. Ainsi, si ce livre ne peut prétendre avoir réponse à tout, j'espère qu'il vous aura été utile à différents moments de votre expérience de la grossesse, de l'accouchement et du post-partum, et qu'il aura constitué une source d'information autant que de réflexion sur ce qui vous attend ou ce que vous avez déjà rencontré au cours de votre parcours.

Pour toutes celles qui auront consulté cet ouvrage pendant leur grossesse, j'espère qu'il aura pu constituer un socle pour l'élaboration d'un projet de naissance, que celui-ci soit ou non formalisé par écrit ; j'espère qu'une fois partiellement ou totalement affranchie de la peur de la douleur, vous aurez pu vous engager pleinement dans toutes les autres dimensions de l'expérience de la maternité, avant et après l'accouchement, et que vous profiterez d'autant plus des joies incommensurables de cette aventure humaine.

Pour le dire en un mot j'espère que ce livre vous aura permis ou vous permettra, quelle qu'en soit l'âpreté, de faire pleinement vôtre ce moment unique de l'existence.

REMERCIEMENTS

Mes premières pensées vont aux milliers de femmes et de couples que j'ai pris en charge en consultation, en préparation à la naissance, en salle d'accouchement et en suites de couches, et au bon millier d'enfants que j'ai eu la chance de tenir entre mes mains avant toute autre personne. Tous et toutes m'auront appris quelque chose de mon métier : je les en remercie avec sincérité et humilité.

Je tiens tout particulièrement à remercier les femmes qui ont répondu à mon appel à témoignage et qui ont bien voulu partager avec moi leurs réflexions, leurs souvenirs et leurs émotions sur cette vaste question de la douleur de la grossesse et de la naissance, et de ses suites.

Je remercie également chaleureusement mes consœurs sages-femmes qui ont bien voulu me donner leurs avis éclairés à différentes étapes de la rédaction de ce livre, ainsi que mes collègues ostéopathes, kinésithérapeutes, gynécologues-obstétricien·ne·s, radiologues, pédiatres et anesthésistes qui ont accepté de transmettre, directement ou indirectement, leur expérience par nos discussions ou par leurs écrits, enrichissant ce volume de précieux conseils d'experts.

Je remercie enfin toutes les sages-femmes qui m'ont formée, en particulier mes consœurs, collègues et amies des Bluets qui ont partagé leur expérience avec moi, notamment leur connaissance intime des ressorts de la douleur et de la façon dont elle peut être soulagée. Elles m'ont démontré que la douleur peut être positivement accompagnée pendant le temps de l'enfantement et m'ont fait comprendre quel savoir précieux et unique notre profession détenait. En cela, ce livre est aussi un hommage à une tradition de plusieurs décennies de transmission intergénérationnelle de notre art de sage-femme, en particulier celui qu'il m'a été offert de recevoir de mes collègues sages-femmes aux

Bluets. Ce savoir, aujourd'hui en grave péril de disparition par l'application de logiques de rentabilité dans les maternités, j'ai voulu en retranscrire les principales dimensions et les mettre à la disposition du plus grand nombre par ce livre – témoignage vivant qu'une médecine humaniste et non dogmatique, au service des patientes et des patients, est toujours possible.

BIBLIOGRAPHIE

Bibliographie de référence

Audit, J. F. ; Neuville-Saves, H. 1972, « Sophrology and obstetrics. Psychological conditioning of the pregnant woman », *Gynecologie Pratique* 23 (2): 73 76.

Azizmohammadi, S. 2019, « Hypnotherapy in Management of Delivery Pain: A Review », *European Journal of Translational Myology* 29 (3): 8365. https://doi.org/10.4081/ejtm.2019.8365.

Beckmann, M. M. ; Stock, O. W. 2013, « Antenatal Perineal Massage for Reducing Perineal Trauma », *The Cochrane Database of Systematic Reviews*, n° 4 (avril): CD005123. https://doi.org/10.1002/14651858.CD005123.pub3.

Berglund, J. 2020, « Treating Postpartum Depression: Beyond the Baby Blues », *IEEE Pulse* 11 (1): 17 20. https://doi.org/10.1109/MPULS.2020.2972723.

Bishop, K. C. ; Ford, A. C. ; Kuller, J. A. ; Dotters-Katz, S. 2019, « Acupuncture in Obstetrics and Gynecology », *Obstetrical & Gynecological Survey* 74 (4): 241 51. https://doi.org/10.1097/OGX.0000000000000655.

Bolanthakodi, C. ; Raghunandan, C. ; Saili, A. ; Mondal, S. ; Saxena, P. 2018, « Prenatal Yoga: Effects on Alleviation of Labor Pain and Birth Outcomes », *Journal of Alternative and Complementary Medicine* (New York, N.Y.) 24 (12): 1181 88. https://doi.org/10.1089/acm.2018.0079.

Bonapace, J. ; Gagné, G.-P. ; Chaillet, N. ; Gagnon, R. ; Hébert, E. ; Buckley, S. 2018, « Physiologic Basis of Pain in Labour and Delivery: An Evidence-Based Approach to Its Management », *Journal of Obstetrics and Gynaecology Canada: JOGC*, n° 345, 40 (2): 227 45. https://doi.org/10.1016/j.jogc.2017.08.003.

Brown, D. C. ; Corydon Hammond, D. 2007, « Evidence-Based Clinical Hypnosis for Obstetrics, Labor and Delivery, and Preterm Labor », *The International Journal of Clinical and Experimental Hypnosis* 55 (3): 355 71
https://doi.org/10.1080/00207140701338654.

Brunet, H. ; Rivière, C. 2020, « Phytothérapie, compléments alimentaires et homéopathie dans la prise en charge à l'officine des troubles de la grossesse ».

Carricaburu, D. 2005, « De la gestion technique du risque à celle du travail : l'accouchement en hôpital public », *Sociologie du Travail* 47 (2): 245 62.
https://doi.org/10.1016/j.soctra.2005.03.006.

Carricaburu, D. ; Ménoret, M. 2004, *Sociologie de la santé : Institutions, professions et maladies*, Éditions Armand Colin.

Cesbron, P. 2009, *Spirale. Préparation à la naissance*, Erès n° 47.

Cesbron, P. ; Knibiehler, Y. 2004, *La naissance en Occident*, Éditions Albin Michel.

Chan, K. P. 2014, « Prenatal Meditation Influences Infant Behaviors », *Infant Behavior & Development* 37 (4): 556 61.
https://doi.org/10.1016/j.infbeh.2014.06.011.

Collège national des gynécologues et obstétriciens français ; Conférence nationale des professeurs des universités-praticiens hospitaliers en gynécologie-obstétrique ; Association des gynécologues obstétriciens en formation. 2012, *Protocoles en gynécologie-obstétrique*, Éditons Elsevier Masson.

Degner, D. 2017, « Differentiating between "Baby Blues", Severe Depression, and Psychosis », *BMJ (Clinical Research Ed.)* 359 (novembre): j4692.
https://doi.org/10.1136/bmj.j4692.

Dillard, J. N. ; Knapp, S. 2005, « Complementary and Alternative Pain Therapy in the Emergency Department », *Emergency Medicine Clinics of North America* 23 (2): 529 49. https://doi.org/10.1016/j.emc.2004.12.015.

Ducloy-Bouthors, A.-S., De Gasquet, B. ; Davette, M. ; Cuisse, M. 2006, « Postures maternelles pendant le travail : description et interférence avec l'analgésie péridurale », *Annales Françaises d'Anesthésie et de Réanimation* 25 (6): 605 8. https://doi.org/10.1016/j.annfar.2006.03.024.

Einion, A. 2016, « Hypnosis and Hypnobirthing for Labour - a Critical Selective Narrative Review », *The Practising Midwife* 19 (11): 25 27.

Enquête nationale périnatale 2016 (Inserm/DREES)
www.dress.solidarite-sante.gouv.fr et www.epope-inserm.fr

Gaynes, B. N. ; Gavin, N. ; Meltzer-Brody, S. K. ; Lohr, N. ; Swinson, T. ; Gartlehner, G. ; Brody, S. ; Miller, W. C. 2005, « Perinatal Depression: Prevalence, Screening Accuracy, and Screening Outcomes », *Evidence Report/Technology Assessment (Summary)*, n° 119 (février): 1 8.
https://doi.org/10.1037/e439372005-001.

Gélis, J. 1976, « L'accouchement au XVIIIe siècle : pratiques traditionnelles et contrôle médical », *Ethnologie Française*, vol. 6, n° 3/4, Presses Universitaires de France, 325–40. http://www.jstor.org/stable/40988388.

Gélis, J. 1981, « Quand les femmes accouchaient sans médecin... », *L'Histoire*, n° 34.

Gélis, J. 1988, *La sage-femme ou le médecin : une nouvelle conception de la vie*, Éditions Fayard.

Goh, R. ; Goh, D. ; Ellepola, H. 2018, « Perineal Tears - A Review », *Australian Journal of General Practice* 47 (1 2): 35 38. https://doi.org/10.31128/AFP-09-17-4333.

Guittier, M. J. ; Othenin-Girard, V. ; De Gasquet, B. ; Irion, O. ; Boulvain, M. 2016, « Maternal Positioning to Correct Occiput Posterior Fetal Position during the First Stage of Labour: A Randomised Controlled Trial », *BJOG: An International Journal of Obstetrics and Gynaecology* 123 (13): 2199 2207.
https://doi.org/10.1111/1471-0528.13855.

Herren, C. ; R. Sobottke, A. ; Dadgar, M. J. ; Ringe, M. ; Graf, K. ; Keller, P. ; Eysel, P. ; Mallmann ; Siewe, J. 2015, « Peripartum Pubic Symphysis Separation--Current Strategies in Diagnosis and Therapy and Presentation of Two Cases », *Injury* 46 (6): 1074 80. https://doi.org/10.1016/j.injury.2015.02.030.

Howell, M. 2014, « Hypnotherapy for Birth », *The Practising Midwife* 17 (5): 22 24.

Jahdi, F. ; Sheikhan, F. ; Haghani, H. ; Sharifi, B. ; Ghaseminejad, A. ; Khodarahmian, M. ; Rouhana, N. 2017, « Yoga during Pregnancy: The Effects on Labor Pain and Delivery Outcomes (A Randomized Controlled Trial) », *Complementary Therapies in Clinical Practice* 27 (mai): 1 4. https://doi.org/10.1016/j.ctcp.2016.12.002.

Kendall-Tackett, K. 2015, « The New Paradigm for Depression in New Mothers: Current Findings on Maternal Depression, Breastfeeding and Resiliency across the Lifespan », *Breastfeeding Review: Professional Publication of the Nursing Mothers' Association of Australia* 23 (1): 7 10.

Kvist, L. J., Hall-Lord, M. L. ; Rydhstroem, H. ; Wilde Larsson, B. 2007, « A Randomised-Controlled Trial in Sweden of Acupuncture and Care Interventions for the Relief of Inflammatory Symptoms of the Breast during Lactation », *Midwifery* 23 (2): 184 95. https://doi.org/10.1016/j.midw.2006.02.003.

Landolt, A. S., Milling, L. S. 2011, « The Efficacy of Hypnosis as an Intervention for Labor and Delivery Pain: A Comprehensive Methodological Review », *Clinical Psychology Review* 31 (6): 1022 31. https://doi.org/10.1016/j.cpr.2011.06.002.

Langan, R. ; Goodbred, A. J. 2016, « Identification and Management of Peripartum Depression », *American Family Physician* 93 (10): 852 58.

Lansac, J. ; Berger, C. ; Magnin, G. 1997, *Obstétrique pour le praticien*, Éditions Elsevier Masson.

Lansac, J. ; Bertrand, J. 2001, *Pratique de l'accouchement*, Éditions Elsevier Masson.

Lavand'homme, P. ; Roelants, F. 2009, « Patient-Controlled Intravenous Analgesia as an Alternative to Epidural Analgesia during Labor: Questioning the Use of the Short-Acting Opioid Remifentanil. Survey in the French Part of Belgium (Wallonia and Brussels) », *Acta Anaesthesiologica Belgica* 60 (2): 75 82.

Lavand'homme, P. 2019, « Postpartum Chronic Pain », *Minerva Anestesiologica* 85 (3): 320 24. https://doi.org/10.23736/S0375-9393.18.13060-4.

Leeman, L. M. ; Rogers, R. G. 2012, « Sex after Childbirth: Postpartum Sexual Function », *Obstetrics and Gynecology* 119 (3): 647 55. https://doi.org/10.1097/AOG.0b013e3182479611.

Mottershead, N. 2006, « Hypnosis: Removing the Labour from Birth », *The Practising Midwife* 9 (3): 26 27, 29.

Newham, J. J. ; Wittkowski, A. ; Hurley, J. ; Aplin, J. D. ; Westwood, M. 2014, « Effects of Antenatal Yoga on Maternal Anxiety and Depression: A Randomized Controlled Trial », *Depression and Anxiety* 31 (8): 631 40. https://doi.org/10.1002/da.22268.

Nisand, I. 2016, « Office de la naissance et de l'enfance, et Groupement des gynécologues de langue française de Belgique », *Guide du post-partum*, Éditions De Boeck Supérieur.

Rong, L. ; Dai, L.-J. ; Ouyang, Y.-Q. 2020, « The Effectiveness of Prenatal Yoga on Delivery Outcomes: A Meta-Analysis », *Complementary Therapies in Clinical Practice* 39 (mai): 101157. https://doi.org/10.1016/j.ctcp.2020.101157.

Ryder, I. ; Alexander, J. 2000, « Coccydynia: A Woman's Tail », *Midwifery* 16 (2): 155 60. https://doi.org/10.1054/midw.1999.0205.

Sandall, J. ; Soltani, H. ; Gates, S. ; Shennan, A. ; Devane, D. 2016, « Midwife-Led Continuity Models versus Other Models of Care for Childbearing Women », *The Cochrane Database of Systematic Reviews* 4 (avril): CD004667. https://doi.org/10.1002/14651858.CD004667.pub5.

Schlaeger, J. M. ; Gabzdyl, E. M. ; Bussell, J. L. ; Takakura, N. ; Yajima, H. ; Takayama, M. ; Wilkie, D. J. 2017, « Acupuncture and Acupressure in Labor », *Journal of Midwifery & Women's Health* 62 (1): 12 28. https://doi.org/10.1111/jmwh.12545.

Sehmbi, H. ; D'Souza, R. ; Bhatia, A. 2017, « Low Back Pain in Pregnancy: Investigations, Management, and Role of Neuraxial Analgesia and Anaesthesia: A Systematic Review », *Gynecologic and Obstetric Investigation* 82 (5): 417 36. https://doi.org/10.1159/000471764.

Senol, D. K. ; Aslan, E. 2017, « The Effects of Cold Application to the Perineum on Pain Relief After Vaginal Birth », Asian Nursing Research 11 (4): 276 82. https://doi.org/10.1016/j.anr.2017.11.001.

Smith, C. A. ; Collins, C. T. ; Levett, K. M. ; Armour, M. ; Dahlen, H. G. ; Tan, A.L ; Mesgarpour, B. 2020, « Acupuncture or Acupressure for Pain Management during Labour », *The Cochrane Database of Systematic Reviews* 2 (février): CD009232. https://doi.org/10.1002/14651858.CD009232.pub2.

Smith, C. A. ; Levett, K. M. ; Collins, C. T. ; Armour, M. ; Dahlen, H. G. ; Suganuma, M. 2018, « Relaxation Techniques for Pain Management in Labour », *The Cochrane Database of Systematic Reviews* 3 (mars): CD009514. https://doi.org/10.1002/14651858.CD009514.pub2.

Smithson, S. ; Pignone, M. P. 2017, « Screening Adults for Depression in Primary Care », *The Medical Clinics of North America* 101 (4): 807 21. https://doi.org/10.1016/j.mcna.2017.03.010.

Tournaire, M., Theau-Yonneau, A. 2007, « Complementary and Alternative Approaches to Pain Relief during Labor », *Evidence-Based Complementary and Alternative Medicine: ECAM* 4 (4): 409 17. https://doi.org/10.1093/ecam/nem012.

Traylor, C. S. ; Johnson, J. D. ; Kimmel, M. C. ; Manuck, T. A. 2020, « Effects of Psychological Stress on Adverse Pregnancy Outcomes and Nonpharmacologic Approaches for Reduction: An Expert Review », *American Journal of Obstetrics & Gynecology MFM* 2 (4): 100229. https://doi.org/10.1016/j.ajogmf.2020.100229.

Ukatu, N. ; Clare, C. A. ; Brulja, M. 2018, « Postpartum Depression Screening Tools: A Review », *Psychosomatics* 59 (3): 211 19. https://doi.org/10.1016/j.psym.2017.11.005.

Ukatu, N. ; Clare, C. A. ; Brulja, M. 2018. 2015, « L'invention de l'accouchement sans douleur, France 1950-1980 », *Travail, genre et sociétés*, n° 2: 39 56.

Wadhwa, Y. ; Alghadir, A. H. ; Iqbal, Z. A. 2020, « Effect of Antenatal Exercises, Including Yoga, on the Course of Labor, Delivery and Pregnancy: A Retrospective Study », *International Journal of Environmental Research and Public Health* 17 (15): E5274. https://doi.org/10.3390/ijerph17155274.

Ouvrages complémentaires

Bonapace, Julie. 2016, *Accoucher sans stress avec la méthode Bonapace*, Les Éditions de l'Homme.

De Gasquet, Bernadette. 2012, *Accouchement : la méthode de Gasquet*, Éditions Marabout.

Henry, Jean-Daniel. 2018, *Vivre pleinement ma grossesse avec l'hypnose : avant, pendant, après !*, Éditions In Press.

Leduc, Alix. 2020, *Le Grand Livre de l'après accouchement*, Éditions Leduc.

Roy, Anna. 2018, *On en parle de mon périnée ?*, Éditions Leduc.

Roy, Anna. 2021, *La vie rêvée du post-partum : confidences et vérités sur l'après accouchement*, Éditions Larousse.

Thirion, Marie. 2014, *L'allaitement : de la naissance au sevrage*, Éditions Albin Michel.

Touyarot, Armelle. 2006, *Pas à pas : guide d'auto-préparation à l'accouchement par l'hypnose*, Éditions Satas.

Vuille, Marilène. 1998, *Accouchement et douleur : une étude sociologique*, Éditions Antipodes.

INDEX

D

E

F

G

R

S

T

U

V

Y

TABLE DES MATIÈRES

Découvrez également dans la même collection :

Ma Bible du maternage proximal
Charlotte Lardery

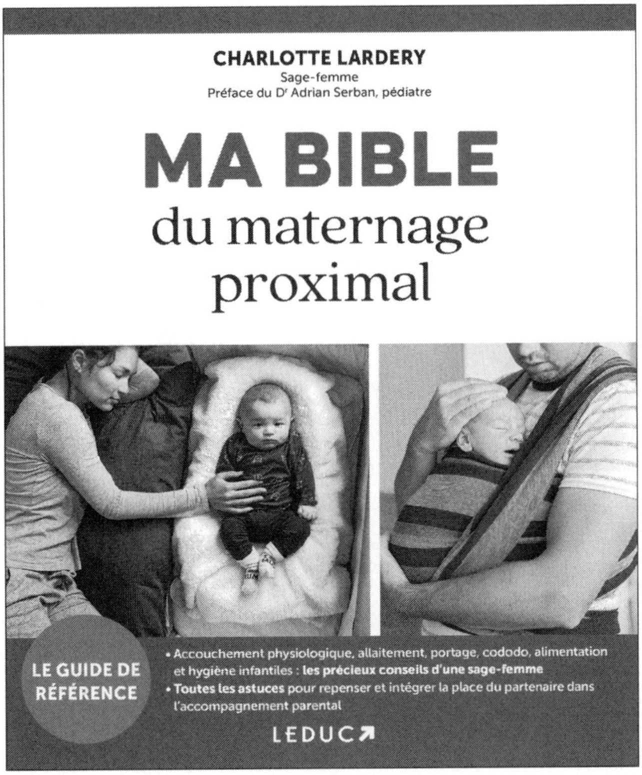

23 €

Ma Bible de l'allaitement
Véronique Darmangeat

23 €

Cet ouvrage est composé de matériaux issus de forêts
gérées durablement certifiées PEFC™.
Le Programme de reconnaissance des certifications forestières (PEFC™)
est le plus grand organisme mondial indépendant de contrôle
pour une gestion durable des forêts.
Pour en savoir plus, consultez le site www.pefc-france.org

PEFC
10-31-1316
Certifié PEFC
Ce produit est issu de forêts gérées durablement et de sources contrôlées.
pefc-france.org

Achevé d'imprimer en février 2022 sur les presses de Dupliprint,
733, rue Saint-Leonard,
53100 MAYENNE
N° d'impression : 2969862K
Imprimé en France
Dépôt légal : avril 2022